Thomas Christian Kotulla
Was soll ich hier?

www.was-soll-ich-hier.com

Thomas Christian Kotulla

Was soll ich hier?

Eine Begründung der Welt.

Bibliografische Information der Deutschen Nationalbibliothek
Die Deutsche Nationalbibliothek verzeichnet diese Publikation
in der Deutschen Nationalbibliografie; detaillierte bibliografische Daten
sind im Internet über www.dnb.de abrufbar.

© 2016 by Fontis – Brunnen Basel

Umschlag: David&Goliath®, Lüdenscheid
Illustration Umschlag: David&Goliath®, Lüdenscheid
Satz: InnoSet AG, Justin Messmer, Basel
Druck: CPI | Ebner & Spiegel, Ulm
Printed in Germany

ISBN 978-3-03848-096-9

Inhalt

Einstieg 7

Teil I
1. Die Frage nach dem Wesen des Menschen
   Wer sind wir? 13
2. Die Suche nach dem Ursprung des Menschen
   Woher kommen wir? 39
3. Die Geschichte von der Entstehung des Menschen
   Alles Evolution? 57
4. Der Mensch und das Leid in der Welt
   Wozu das Ganze? 77
5. Die ewige Suche nach Wahrheit
   Was können wir wissen? 97

Teil II
6. Die Frage nach dem Sinn allen Seins
   Was sollen wir hier? 107
7. Die Frage nach dem Ursprung allen Übels
   Wo liegt unser Problem? 117
8. Der Konflikt zwischen Liebe und Gerechtigkeit
   Sind wir noch zu retten? 133
9. Der Glaube an das Unglaubliche
   Was dürfen wir hoffen? 151
10. Der Traum von einer besseren Welt
    Wohin gehen wir? 167

Danksagung 186
Über den Autor 187
Anmerkungen 189

Einstieg

«Wir Menschen streben nach Glück und einem erfüllten Leben», so der Philosoph Seneca im 1. Jahrhundert n. Chr.[1]
Mir scheint, als ob diese Sicht auch heute noch relevant ist.
Doch was bedeutet Glück? Wo können wir es finden? Gibt es ein Patentrezept zum Glücklichsein?
Um das zu klären, müssten wir die menschliche Natur verstehen, den Kern des menschlichen Wesens.
Einer der bekanntesten Versuche stammt von Blaise Pascal, einem französischen Philosophen und Mathematiker des siebzehnten Jahrhunderts. Bei seiner Suche nach Antworten befasste er sich mit folgenden drei Fragen.[2]
Erstens: Wer sind wir Menschen?
Was macht uns aus – in unserem tiefsten Inneren? Sind wir nur Materie, eine Ansammlung von Atomen? Haben wir ausschließlich unseren Körper? Oder gibt es auch eine Seele? Sind wir von Grund auf gut oder schlecht?
Zweitens: Woher kommen wir Menschen?
Gehen wir auf die Natur zurück, auf den Urknall? Sind wir ein Produkt der Evolution? Oder liegt unser Ursprung in etwas Übernatürlichem; in einem höheren Wesen oder Prinzip?
Drittens: Wohin gehen wir Menschen?
Entwickelt sich die Menschheit zum Guten oder zum Schlechten? Kann es irgendwann Weltfrieden geben? Ist die Suche nach Glück auf das irdische Leben beschränkt? Oder gibt es noch Größeres, auf das wir hoffen können? Gibt es ein Leben nach dem Tod?
Das sind die wohl existenziellsten Fragen, die wir uns stellen können. Sie betreffen die Grundfesten unserer Existenz, die Grundlagen unseres Menschseins: unsere Suche nach Glück, Erfüllung und Bestimmung; unsere Sehnsucht nach Sinn,

Selbstwert und Identität. Und somit auch kleinere Fragen des Alltags: wie wir leben wollen, welche Ziele wir haben, wonach wir streben.

Mich selbst faszinieren diese Fragen schon seit langem. Wobei ich sie größtenteils als gedankliche Spielerei verstand – ohne Bedeutung für mein Leben. Keine drängenden Fragen, eher Luxusprobleme. Das sollte sich ändern, als ich vor einiger Zeit schwer krank wurde.

Meine Krankheit ließ mein Leben wie ein Kartenhaus in sich zusammenfallen. Alles, woran ich geglaubt hatte, und alles, woraus ich Kraft und Hoffnung geschöpft hatte – Familie, Freundschaft, Liebe, Glück, Erfolg –, wurde von einem Moment zum anderen in Frage gestellt. Denn mir wurde bewusst, dass diese Dinge vergänglich sind – dass auch ich selbst vergänglich bin. Weil mein Tod nicht nur meinen Körper, sondern auch meine Persönlichkeit auslöschen würde.

Natürlich würde ich in Erinnerungen meiner Mitmenschen weiterleben. Und natürlich hatte ich meine Mitmenschen geprägt – durch das, was ich gesagt und getan hatte. Doch irgendwann würden auch meine Mitmenschen sterben. Und mit dem Verglühen unseres Sonnensystems würde eines Tages jede menschliche Existenz und damit auch jede menschliche Erinnerung verschwinden.[3]

Welchen Sinn hat dann überhaupt noch das Leben? Welchen Wert hat es, sich für das Gute zu engagieren? Gibt es irgendetwas, auf das Verlass ist? Irgendetwas, das bleibt?

Als ich im Krankenhaus liegend wieder klarere Gedanken fassen konnte, war mein Leben nicht mehr dasselbe. Ich fragte mich, wie ich die Zeit auf Erden noch sinnvoll nutzen könnte; ob es eine Bestimmung gibt für mein Leben.

Mir wurde bewusst, dass ich mit meiner Suche von vorne beginnen musste – und dass ich mich zunächst der existenziellsten aller menschlichen Fragen widmen musste: der Frage, wer wir sind, woher wir kommen und wohin wir gehen. Der Frage nach den Grundlagen der Welt und des Menschseins.

Meine Suche war von diesem Punkt an nicht mehr nur intellektuell, sondern vor allem existenziell motiviert. Es ging für mich nicht mehr nur um Erkenntnis an sich, sondern um meine eigene Existenz und um den eigentlichen Wert des Menschseins.

Das bedeutet nicht, dass ich nicht mehr rational und kritisch gewesen wäre – im Gegenteil. Schließlich bin ich Wissenschaftler. Doch erstmals im Leben ging ich meinen Fragen wirklich auf den Grund.

Was ich bei meiner Suche entdecken konnte, erstaunt mich bis heute. Ich habe Dinge erfahren, die ich niemals für möglich hielt. Und das Verblüffende ist: Diese Dinge scheinen so naheliegend, dass ich mir nicht erklären kann, wie ich sie jahrelang übersehen habe.

Die Antworten auf die großen Lebensfragen liegen oft direkt vor unseren Augen. Wir erkennen sie nur nicht, weil wir nicht richtig hinsehen.

Teil I

Kapitel 1
Die Frage nach dem Wesen des Menschen

Wer sind wir?

Es ist erstaunlich: Wir Menschen sind die wohl einzigen Wesen, die über die Welt und sich selbst philosophieren.

Was die hochentwickelten Tiere betrifft, etwa Affen oder Delfine, gibt es Anzeichen, dass sie zum Teil ihr Verhalten reflektieren.[1] Dass sie über die großen Lebensfragen nachdenken, wagt bisher aber kein Forscher zu behaupten.[2]

Der Umstand, dass womöglich nur wir Menschen philosophieren, sollte nicht dazu führen, dass wir nur über uns selbst nachdenken – oder uns gar zum Zentrum des Universums erheben.[3] Wir sollten aber klären, wer wir eigentlich sind, bevor wir unserem Denken einen Wert beimessen – und bevor wir uns den anderen großen Lebensfragen widmen.

Unsere Ausgangsfrage ist daher: Wer oder was ist der Mensch?

Ansichten über den Menschen

Die Ansichten über den Menschen haben sich ständig gewandelt, über Jahrtausende hinweg. Wobei oft der Eindruck entsteht, dass sich zwei dieser Ansichten festigen.

Erstens zeigt sich eine starke «Verwissenschaftlichung» des Menschen. Das heißt: Der Mensch wird vor allem aus wissenschaftlicher Sicht betrachtet. Dominant sind dabei die Naturwissenschaften.[4]

So versuchen Forscher, nicht nur den Körper des Menschen, sondern auch sein Denken, Empfinden und Handeln naturwissenschaftlich zu erklären: durch die Gehirnströme, die Hormonausschüttung oder andere biochemische Prozesse. Liebe gilt dann zum Beispiel als biochemische Reaktion im Gehirn.[5] Oft ist dabei von einer «Entzauberung» des Menschen die Rede.[6]

Andererseits kommt es zu einer gewissen «Spiritualisierung» des Menschen. Das heißt: Menschen suchen ihr Glück oder ihr Seelenheil in Spiritualität.[7] Sei es durch klassische Religion, durch fernöstliche Meditation oder durch Astrologie[8] und andere Esoterik[9]. Ein Blick auf den Büchermarkt zeigt, welch hoher Beliebtheit sich Spiritualität erfreut. Das gilt erstaunlicherweise für alle Kulturen.

Merkmal der Spiritualisierung ist, dass nicht nur der Körper des Menschen, sondern vielmehr das Nicht-Körperliche in den Vordergrund tritt – etwa die Seele oder andere übernatürliche Konzepte.[10] Grundlage ist die Ansicht, dass wir Menschen aus mehr bestehen als aus Materie.

Wer oder was ist der Mensch? Im Kontext von Wissenschaft und Spiritualität gewinnt diese Frage besondere Brisanz. Sind wir reine Naturwesen mit einem materiellen Körper? Oder hat unser Wesen auch übernatürliche Elemente wie eine immaterielle Seele?

Viele Biologen sagen, dass der Mensch (fast) vollständig durch die Naturwissenschaften erklärbar ist. Die Entstehungsgeschichte des Menschen begründen sie mit der Evolutionstheorie.[11] Für unsere Denkfähigkeit und gewisse Verhaltensmuster verweisen sie auf die Neurowissenschaften.[12] Und Gefühle wie Liebe, Freude oder Traurigkeit erklären sie durch das Hormonsystem.[13]

Insgesamt entsteht der Eindruck, dass nicht nur unser Körper, sondern auch unser Denken, Empfinden und Handeln vollständig naturwissenschaftlich erklärbar ist; dass es genauer gesagt selbst Teil des Körpers ist. Die Ansicht, dass wir auch eine Seele haben, die über den materiellen Körper hinausgeht, wird oft eher kritisch betrachtet.

Erklärt man das einem spirituell geprägten Menschen, stößt man eher auf Unverständnis. Natürlich ist unser Denken, Empfinden und Handeln an unseren Körper gebunden, der biochemischen Prozessen unterliegt. Aber wir Menschen sind doch mehr als Atome, heißt es.

Jeder Mensch habe doch auch eine Seele, die seine Persönlichkeit, seine Identität, sein Menschsein ausmacht – und die sich einem naturwissenschaftlichen Zugang entzieht. Man müsse doch nur die Psyche eines Kindes betrachten, seine Ängste, Emotionen und Hoffnungen, seine Verletzlichkeit. Wie könne man da ernsthaft glauben, dass wir nur aus Atomen bestehen?

Nun ist die Realität nicht schwarz-weiß. Denn es gibt auch Naturwissenschaftler, die an Gott glauben – und spirituelle Menschen, die als Naturwissenschaftler arbeiten. Ob das vereinbar ist, werden wir noch prüfen.

Doch wer hat recht? Ist der Naturwissenschaftler zu nüchtern oder der spirituelle Mensch zu naiv? Sind wir reine Naturwesen mit einem materiellen Körper? Oder hat unser Wesen auch übernatürliche Elemente wie eine immaterielle Seele?

Um das zu klären, müssen wir einen Schritt zurücktreten und zunächst allgemeiner fragen: Gibt es nur die natürliche Welt oder auch etwas Übernatürliches?

Die Frage nach dem Übernatürlichen

Wenn wir das Wort «übernatürlich» hören, denken wir zumeist an UFOs, Wahrsager oder Wunderheiler, an Dinge, die als irrational oder unwissenschaftlich gelten. Doch ist das korrekt? Was bedeutet «übernatürlich»?

Die einfachste Antwort ist: Etwas Übernatürliches geht *über* das *Natürliche* hinaus.

Das liegt nahe. Doch hilft uns das weiter?

In jedem Falle zeigt die Antwort: Wenn wir wissen wollen, was das Übernatürliche ist (und ob es existiert), müssen wir zunächst verstehen, was das Natürliche ist. Was also bedeutet «natürlich»?

Es gibt mehrere Bedeutungen des Wortes: zum Beispiel «natürlich» im Sinne von «nicht künstlich» oder im Sinne von «nicht ungewöhnlich». Die Frage ist aber, was «natürlich» im Sinne von «nicht übernatürlich» bedeutet.

Folgendes Beispiel:

Nehmen wir ein Handy, am besten ein Smartphone. Es dürfte klar sein, dass das Smartphone nicht übernatürlich ist. Doch warum nicht?

Die häufigste Antwort ist: weil wir es sehen und anfassen können.

Das klingt plausibel. Doch es würde bedeuten, dass alles, was wir nicht sehen und anfassen können, übernatürlich ist, etwa die Luft. Aber die Luft ist nicht übernatürlich, genauso wie ein Smartphone. Die Frage ist: warum nicht?

Folgender Test: Wenn wir das Smartphone hochhalten und loslassen, wird es nach unten fallen – und zwar jedes Mal aufs Neue. Wir können es testen, so oft wir wollen.

Der Grund: Das Smartphone, oder besser die Atome, aus denen es besteht, können sich nicht für oder gegen das Fallen entscheiden. Das Smartphone hat keinen Willen, könnte man sagen. Es fällt einfach – weil es dem Gesetz der Schwerkraft unterliegt, auch «Gravitation»[14] genannt.

Neben der Schwerkraft gibt es drei weitere Grundkräfte: den Elektromagnetismus, die schwache Wechselwirkung und die starke Wechselwirkung.[15] Was sie genau bewirken, muss uns zunächst nicht interessieren.

Entscheidend ist: Alles Natürliche unterliegt diesen Grundkräften. Und soweit bekannt ist, sind diese Kräfte konstant.[16] Das ist der Grund, warum sich Gegenstände unter gleichen Bedingungen stets gleich verhalten: weil sie immer den vier gleichen Kräften unterliegen – und von diesen gesteuert werden.

Das Smartphone fällt bei uns[17] immer nach unten. Wärmere Luft steigt bei uns immer nach oben. Pflanzen wachsen bei uns immer zum Licht hin. Um genau zu sein: immer oder mit einer festen Wahrscheinlichkeit.[18]

Natürliche Dinge unterliegen also Gesetzmäßigkeiten. Diese Gesetze sind nicht von uns Menschen gemacht, wie etwa ein juristisches Gesetz. Sie sind einfach da, von Natur aus. Deshalb nennen wir sie «Naturgesetze».[19]

Nun ahnen wir, was «natürlich» im Gegensatz zu «übernatürlich» bedeutet: Etwas Natürliches ist daran erkennbar, dass es den Naturgesetzen unterliegt; und etwas Übernatürliches ist daran ersichtlich, dass es den Naturgesetzen nicht unterliegt.[20]

Falls das Smartphone nicht jedes Mal nach unten fallen würde, sondern manchmal nach oben oder nach rechts; oder falls es in der Luft schweben würde, ohne dass andere Kräfte darauf einwirken; dann wäre es übernatürlich. Denn es wäre unabhängig vom Gesetz der Schwerkraft. Und es könnte frei von den Naturgesetzen entscheiden, wie es sich verhält.

Ein weiteres Beispiel wäre ein Mensch, der Papier in Gold verwandelt oder einen Toten wieder lebendig macht. Auch das wäre übernatürlich, weil es den Gesetzen der Natur widerspricht.

Und außerirdische Lebewesen? Wären sie natürlich oder übernatürlich?

Das kommt darauf an. Vermutlich würden sie aus Atomen bestehen und den Gesetzen der Natur unterliegen, etwa dem Gesetz der Schwerkraft. Sie würden nach unten fallen, wenn sie uns auf der Erde besuchen. Also wären sie natürlich. Sie wären überirdisch, aber nicht über*natürlich*.

Zurück zum Ausgangspunkt: Gibt es nur die natürliche Welt oder auch etwas Übernatürliches? Sprich: Unterliegt alles den Naturgesetzen? Oder gibt es Dinge oder Phänomene, die den Naturgesetzen nicht unterliegen – sei es eine Wunderheilung, eine Seele oder ein Gott?

Drei Antworten sind denkbar:

Erstens: *Es gibt nur die natürliche Welt – nichts Übernatürliches*. Diese Sicht nennt sich «Naturalismus»[21]. Weil angenommen wird, dass alles Natur ist.

Zweitens: *Es gibt die natürliche Welt, aber auch etwas Übernatürliches*. Diese Sicht nennt sich «Supranaturalismus»[22]. «Supra» bedeutet «über», in diesem Falle: übernatürlich.

Drittens: *Es gibt die natürliche Welt. Ob es etwas Übernatürliches gibt, können wir nicht abschließend klären*. Diese Sicht nennt sich «Agnostizismus»[23]. Das bedeutet «nicht wissen».[24]

Welcher Standpunkt ist am plausibelsten und deckt sich am ehesten mit der für uns erkennbaren Realität?[25]

Wir sollten die Sichtweisen genauer betrachten, ihnen kritisch auf den Grund gehen. Das mag zunächst trocken klingen, ist es aber nicht, im Gegenteil. Es ist hochrelevant für unser Leben. Für unsere Suche nach Sinn, Selbstwert und Identität. Für unsere Fragen nach Ethik, Moral und Menschenwürde.

Der Naturalismus

Was denkt oder glaubt ein Naturalist? Welche Überzeugungen hat er, welches Weltbild? Und was bedeutet sein Weltbild für die Frage, wer wir sind? Für unser Selbstverständnis und unser Leben?

Ein Naturalist sagt, dass es nur die natürliche Welt gibt, nichts Übernatürliches. Das heißt: Ihm zufolge unterliegt alles den erwähnten vier Grundkräften der Natur – und damit den Gesetzen der Natur.[26]

Die Naturgesetze folgen dem Prinzip von Ursache und Wirkung. Vereinfacht kann man das Prinzip auch als Wenn-dann-Prinzip bezeichnen: *Wenn* ich einen Stein loslasse und die Erde ihn anzieht (Ursache), *dann* fällt der Stein nach unten (Wirkung).

Die meisten Phänomene sind viel komplexer, zum Beispiel Wetterphänomene. Dort gibt es fast unzählige Einflüsse, deren Wirkung sich kaum verlässlich berechnen lässt – daher die Fehlvorhersagen beim Wetter. Das heißt aber nicht, dass das Wetter tut, was es will. Das Wetter hat keinen Willen. Es unterliegt den Naturgesetzen.[27]

Der Naturalist sagt also, dass es nichts Übernatürliches gibt. Nehmen wir an, der Naturalist hat recht. Was würde das heißen, für die Welt und uns Menschen?

Erstens: Die Welt könnte keinen übernatürlichen Ursprung haben – wie etwa einen Gott. Sondern alles müsste natürliche Ursachen haben, sogar das Universum und dessen Urknall. Wobei auch die Ursache des Urknalls dann eine Ursache haben müsste – und so weiter. Schließlich hat alles Natürliche eine Ursache. Das ist aus logischer Sicht nicht unproblematisch. Dazu gleich mehr.

Oftmals heißt es, das Universum komme aus dem Nichts oder aus anderen Universen oder aus sich selbst heraus. Die Grundkräfte und Gesetze der Natur seien einfach da, ohne erkennbaren Grund. Wir Menschen seien ein Entwicklungsprodukt dieser Kräfte und Gesetze – und damit ein Produkt der Natur.[28]

Zweitens: Alles Existierende bestehe aus natürlichen Teilchen. Bis zum 19. Jahrhundert dachte man, Atome wären die kleinsten Teilchen. Heute weiß man, es gibt noch kleinere Teilchen: Elementarteilchen. Sie heißen Quarks, Leptonen und Bosonen[29] und bilden die Grundbausteine für jede Existenz: für Materie, Kraftfelder und Strahlungsfelder.[30] Laut aktuellen Modellen besteht das Universum zu 5 Prozent aus gewöhnlicher Materie, zu 27 Prozent aus «Dunkler Materie» und zu 68 Prozent aus «Dunkler Energie».[31]

Wenn alles aus natürlichen Teilchen bestünde, könnten auch wir Menschen nur aus natürlichen Teilchen bestehen – nicht nur unser Körper, sondern auch unser Denken, Empfinden und Handeln. Alles, was wir denken, fühlen und tun, wäre dann letztlich ein Resultat komplexer Wechselwirkungen dieser Teilchen. Vereinfacht ausgedrückt: ein Resultat komplexer Reaktionen zwischen Atomen.

Wie plausibel ist dieses Menschenbild?

Ist der Naturalismus plausibel?

Wir können uns der Frage nähern, indem wir uns das fallende Smartphone ansehen. Auch das Smartphone besteht nur aus natürlichen Teilchen, genau wie unser Körper. Wobei die Teilchen unseres Körpers natürlich komplexer wechselwirken.

Wie beschrieben, hat das Smartphone keinen Willen. Es kann sich nicht für oder gegen das Fallen entscheiden. Es fällt immer nach unten, wenn wir es loslassen. Man könnte sagen, das Smartphone, oder besser die Teilchen, aus denen es besteht, sind willenlos. Natürliche Teilchen sind willenlose Teilchen. Weil sie den Grundkräften und Gesetzen der Natur unterliegen – und sich ihnen nicht entziehen oder widersetzen können.

Ähnliches gilt für uns Menschen. Denn auch unser Körper besteht nur aus natürlichen Teilchen – und somit aus willenlosen Teilchen. Dieser Umstand stellt den Naturalisten vor Fragen:

Wenn wir ausschließlich aus willenlosen Teilchen bestünden, auch unser Denken, Empfinden und Handeln, könnten wir dann willentliche Entscheidungen treffen? Wie und wo sollten die Entscheidungen stattfinden?

Oft ist von Bauch- oder Herzensentscheidungen die Rede. Eigentlich heißt es aber, dass Entscheidungen im Kopf stattfinden, genauer gesagt im Gehirn. Ist das möglich?

Das Gehirn ist ein komplexes neuronales Netz; eine Verknüpfung von Nerven- und Gliazellen, zwischen denen ein chemischer und elektrischer Informationsaustausch stattfindet.[32] Nerven- und Gliazellen bestehen, wie alle biologischen Zellen, aus organischen Molekülen. Diese wiederum aus Atomen. Und diese letztlich aus Elementarteilchen, das heißt: aus natürlichen Teilchen.

Letztlich ist unser Gehirn eine komplexe Wechselwirkung natürlicher Teilchen.[33] Und natürliche Teilchen haben keinen Willen; sie gehorchen den Naturgesetzen.

Die Frage ist: Wenn unser Gehirn aus willenlosen Teilchen besteht, wie können wir dann willentliche Entscheidungen treffen?

Um willentliche Entscheidungen zu treffen, müssten wir die Teilchen in unserem Gehirn willentlich steuern können. Wie könnte das gehen, wenn auch wir selbst nur aus willenlosen Teilchen bestehen? Aus Teilchen, die nicht von uns, sondern von den Naturkräften gesteuert sind? Wir werden das prüfen.

Zunächst eine weitere Frage: Wenn wir ausschließlich aus willenlosen Teilchen bestünden, könnte man uns dann zur Rechenschaft ziehen für das, was wir tun? Zum Beispiel vor Gericht? Wäre das gerecht – wenn nicht wir selbst, sondern die Naturgesetze unser Handeln bestimmen?

Was ist mit Moral und Emotionen? Wenn alles aus natürlichen Teilchen bestünde, wären Gefühle und Werte dann biochemische Wechselwirkungen? Reaktionen zwischen Atomen?

Was ist mit der Sehnsucht vieler Menschen nach Liebe und Gerechtigkeit? Mit der Liebe einer Mutter zu ihrem Kind? Mit der Genugtuung, die wir verspüren, wenn ein Kriegsverbrecher zur Rechenschaft gezogen wird? Wäre es möglich, dass diese Gefühle nur Biochemie sind? Dass moralische Werte nur biochemische Reaktionen im Gehirn sind?

Wie sähe es mit der Würde des Menschen aus? Wenn wir ausschließlich aus Elementarteilchen bestünden, oder aus Atomen, könnte es so etwas wie Menschenwürde dann geben? Müssten wir nicht von Atomwürde sprechen? Oder von Elementarteilchenwürde?

Würde es ethisch einen Unterschied machen, ob wir einen Tisch zerstören oder einen Menschen töten? Bestünden nicht letztlich beide aus Elementarteilchen? Würde allein die höhere Komplexität des Menschen einen höheren ethischen Wert begründen? Könnte es so etwas wie Ethik überhaupt geben, wenn letztlich alles aus Elementarteilchen besteht – sogar die Vorstellungen von Ethik in unserem Gehirn?

Noch konsequenter: Alle genannten Fragen basieren auf gedanklichen Überlegungen. Doch wenn auch unsere Gedanken nur Elementarteilchen wären, die nicht von uns, sondern von den Naturkräften gesteuert sind, könnten wir dann Anspruch erheben, dass unsere Gedanken logisch sind? Oder richtig? Oder eigenständig?

Wären es dann *wir*, die unsere Gedanken steuern – oder die Naturkräfte? Wären wir Herr unseres Denkens und Handelns?

Woher kommen die Gedanken, die ich gerade aufschreibe? Habe ich mir diese selbst überlegt? Bin ich kreativ? Habe ich ein Bewusstsein?[34] Oder sprudeln aus mir nur Buchstaben heraus, weil die Kräfte und Gesetze der Natur das so bewirken?

Wer oder was bin ich eigentlich? Eine biochemische Maschine? Oder ein Mensch mit einer Seele?

Ein Naturalist würde sagen, dass ich tatsächlich keine Seele habe, dass ich ausschließlich aus Elementarteilchen bestehe und dass sowohl mein Körper als auch mein Denken, Empfinden und Handeln von den Naturgesetzen gesteuert werden.

Manche Naturalisten relativieren diese Aussagen – und verweisen auf die extreme Komplexität des Gehirns; darauf, dass es zu einfach sei, die Funktionsweise des Gehirns auf seine Einzelteile zu reduzieren. Denn das Gehirn sei weit mehr als die Summe seiner Teile – anders als bei einem Smartphone. Außerdem seien die Naturgesetze nicht so streng wie vermutet. Sie ließen Spielraum für ein eigenständiges Denken, Empfinden und Handeln.[35]

Diskutiert werden die Argumente im Kontext von «Quantenmechanik»[36] und «Emergenz»[37]. Wir werden gleich prüfen, was es damit auf sich hat. Lassen Sie uns zuvor auf die Ansichten des Supranaturalisten blicken.

Der Supranaturalismus

Ein Supranaturalist bejaht, dass es die natürliche Welt gibt. Dass es Naturkräfte und Naturgesetze gibt. Dass das Universum und unser Körper aus Elementarteilchen bestehen. Und dass diese Teilchen den Naturgesetzen gehorchen.[38]

Gleichzeitig sagt der Supranaturalist, dass es noch mehr gibt als die natürliche Welt. Dass es Dinge oder Phänomene gibt, die den Naturgesetzen nicht gehorchen, die von ihnen unabhängig sind.

Die Vielfalt supranaturalistischer Ansichten ist groß: Es gibt den Glauben an die Seele, den Glauben an Wunder, den Glauben an das Göttliche. Wobei das Göttliche meist als Höchstes innerhalb des Übernatürlichen[39] gilt.

Nehmen wir an, der Supranaturalist hätte recht. Nehmen wir an, es gäbe etwas Übernatürliches. Was würde das bedeuten, für die Welt und für uns Menschen?

Erstens: Die Welt müsste ihren Ursprung nicht im Nichts oder in sich selbst haben. Sie könnte auf etwas Übernatürliches zurückgehen, auf eine erste übernatürliche Ursache. Gläubige würden sagen: auf etwas Göttliches.

Das Übernatürliche hätte dann nicht nur das Universum erschaffen oder den Urknall verursacht, sondern auch die Naturkräfte erzeugt – und damit die Naturgesetze. Wobei das Übernatürliche diesen Gesetzen selbst nicht unterläge. Offen wäre, woher das Übernatürliche kommt und warum es existiert.

Supranaturalisten, die an das Göttliche glauben, werden als «Theisten»[40] bezeichnet. Zu den größten theistischen Glaubensrichtungen zählen der christliche, der islamische, der deistische, der hinduistische und der jüdische Glaube. Der buddhistische Glaube ist kein theistischer Glaube, sondern eine supranaturalistische Lehre mit spirituell-philosophischen Elementen.[41]

Zweitens: Es gäbe nicht nur natürliche Teilchen, also Materie, Kraftfelder und Strahlungsfelder, Dunkle Materie und Dunkle Energie, sondern auch übernatürliche Teilchen oder Substanzen. Dinge, die nicht den Naturgesetzen unterliegen; die ein Eigenleben führen, unabhängig von den Naturgesetzen.

Manche Dinge sind rein natürlich, etwa ein Baum. Andere wären rein übernatürlich, zum Beispiel ein Gott. Andere wären eine Mischung aus beidem, etwa der Mensch oder bestimmte Tiere. So glauben Supranaturalisten, dass der menschliche Körper natürlich ist, dass wir aber gleichzeitig eine übernatürliche Seele haben.

Die Seele gilt als persönliche Identität, als unser «Ich». Von ihr soll unser eigenständiges Denken, Empfinden und Handeln ausgehen, welches sich stets im natürlichen Körper äußert, zum Beispiel durch Gehirnströme oder Hormonausschüttungen, welches andererseits aber auch blockiert werden kann, etwa durch Gehirnverletzungen, Krankheiten oder starken Drogenkonsum.

Hier wird ein Unterschied deutlich zwischen Naturalist und Supranaturalist. Der Naturalist sagt: Ich *bin* ein Körper. Was mich als Mensch ausmacht, ist mein Körper, bestehend aus natürlichen Teilchen. Der Supranaturalist sagt: Ich *habe* einen Körper, aber ich *bin* eine Seele. Was mich als Mensch ausmacht, ist meine Seele – meine Persönlichkeit und Identität.

Interessant, wie sich das sogar in Redewendungen zeigt. Oft sprechen wir von einer «guten Seele», wenn jemand gutmütig ist, oder von «Seelenfrieden», wenn wir in uns ruhen. Manchmal sind Redewendungen Ausdruck unserer Intuition.

Der Supranaturalist sagt also, dass wir eine Seele haben – oder eine Seele sind. Wie plausibel ist das?

Ist der Supranaturalismus plausibel?

Zunächst lässt sich sagen: Wenn es eine Seele gäbe, würden wir nicht nur den Naturgesetzen gehorchen – unser Körper schon, aber nicht unsere Seele.

Ein eigenständiger Wille könnte dann möglich sein, weil wir in der Seele Entscheidungen träfen – ohne dass sie durch die Naturgesetze vorherbestimmt sind.

Diese Entscheidungen wären nicht *frei,* weil wir durch Erziehung und unsere Anlagen geprägt sind. Doch sie wären *eigenständig,* weil wir einen Entscheidungsspielraum hätten. Erst nachgelagert würden sich unsere Entscheidungen in Gehirnaktivität äußern.

Das würde bedeuten, dass wir für unser Handeln verantwortlich sind, dass wir vielleicht sogar Rechenschaft schuldig sind. Der Justiz gegenüber – oder anderen Instanzen. Auch deshalb, weil Moral und Ethik mehr wären als Biochemie. Weil unsere Werte mehr wären als komplexe Wechselwirkungen natürlicher Teilchen.

Positiv formuliert: Das Leben hätte einen besonderen Wert, einen Wert, der über das Wechselwirken von Atomen hinausgeht. Sprich, Wesen mit einer Seele hätten einen höheren Wert als Gegenstände ohne Seele.

Eigentlich ist klar, dass ein Menschenleben mehr wert ist als eine Tischplatte. Die Würde des Menschen ist unantastbar, heißt es im Grundgesetz vieler Staaten.[42] Interessant, dass diese Ansicht wohl supranaturalistisch ist. Weil sie ein Weltbild erfordert, wonach der Mensch mehr ist als Biochemie.

Ähnliches gilt für den Umgang mit Tieren oder für die Frage, ob man abtreiben darf. Für den Naturalisten spräche nichts dagegen, wenn er konsequent ist. Denn ein Embryo besteht nur aus Atomen, genau wie ein Gegenstand – nur komplexer und organisch. Ein Supranaturalist sieht das anders. Ein Embryo ist für ihn ein Seelenwesen, ein Lebewesen mit einer Seele. Und Abtreibung ist für ihn die Tötung eines Menschen.

Nicht nur Ethik und Moral sieht der Supranaturalist anders, auch Gefühle und Empfindungen. Freude oder Hass sind für ihn nicht nur Biochemie, sondern wahre Emotionen. Liebe oder Liebeskummer sind für ihn nicht nur Hormonschwankungen oder Gehirnaktivitäten, sondern echte Gefühle, die in der Seele stattfinden – und die anschließend, oder zeitgleich, in unserem Körper zum Ausdruck kommen.

Teilweise ist statt von Seele auch von «Psyche»[43] die Rede. Wobei der Begriff mehrdeutig ist. Umgangssprachlich ist damit die Seele gemeint. Wissenschaftlich steht der Begriff für Gehirnaktivitäten – zumindest in der Neuropsychologie, die stark naturwissenschaftlich ist.[44]

Ähnliches gilt für unser Denken. Der Naturalist sieht es als Teil unseres «Geistes» – im Sinne geistiger Aktivität. Häufig ist auch von «Intellekt»[45] die Rede. Naturalistisch gesehen sind damit Gehirnaktivitäten gemeint.

Der Supranaturalist sagt, dass unser Denken in der Seele stattfindet. Denn falls das Denken eigenständig wäre, könnte es nicht von den Naturkräften gesteuert sein – wie unser Gehirn. Es müsste von ihnen unabhängig sein. Wir müssten das Denken selbst steuern können. Daher auch der Glaube an die Seele, als Zentrum unseres eigenständigen Denkens, Empfindens und Handelns, als Grundlage unseres Bewusstseins und unserer Kreativität.

Falls es die Seele gäbe, könnte sie vielleicht sogar unsterblich sein. Ein Leben nach dem Tod wäre dann prinzipiell möglich. Unser Körper zerfällt zwar irgendwann zu Staub, doch unsere Seele könnte Bestand haben, auch über den körperlichen Tod hinaus.

Das supranaturalistische Menschenbild wirkt auf viele humaner, freiheitlicher oder hoffnungsvoller. Doch ist es plausibel? Oder eher naiv – und vor allem stark unwissenschaftlich?

Zeigen die Wissenschaften nicht deutlich, dass wir nur aus Materie bestehen? Aus natürlichen Teilchen? Dass unser Denken Gehirnströme sind? Unsere Gefühle nur Biochemie?

Wer hat recht? Der Naturalist oder der Supranaturalist? Ein Agnostiker sagt, dass die Frage nicht klärbar ist. Stimmt das?

Der Agnostizismus

Ein Agnostiker ist sich nicht sicher, was er glauben kann. Er sieht die Argumente für und gegen das Übernatürliche – und bleibt möglichst neutral. Wobei es Agnostiker gibt, die eher dem Naturalismus nahestehen, und Agnostiker, denen eher der Supranaturalismus zusagt. Festlegen will sich der Agnostiker nicht.

Ist das verständlich? Und überhaupt möglich? Sind die Argumente für und gegen das Übernatürliche nicht überzeugend genug? Lassen Sie uns die Sache genauer betrachten.

Der Supranaturalist sagt: Wenn es das Übernatürliche nicht gäbe, könnten wir nicht eigenständig denken oder handeln. Denn unser Denken und Handeln wäre dann nicht von uns selbst gesteuert, sondern von den Naturkräften. Es wäre nicht mehr als ein komplexes Wechselwirken natürlicher Teilchen.

Das sei zwar kein Beweis für das Übernatürliche. Doch wer beanspruche, eigenständig denken und handeln zu können, komme am Glauben an das Übernatürliche nicht vorbei.

Der Naturalist erwidert, dass die Naturgesetze gar nicht so streng seien. Dass sie gewissen Freiraum ließen – für Zufall oder Eigenständigkeit, etwa für ein eigenständiges Denken. Er sagt, dass Ereignisse in der Natur nicht streng vorherbestimmt seien, sondern nur mit gewisser Wahrscheinlichkeit eintreten. Im Fachjargon: dass die Naturgesetze nicht «deterministisch»[46], sondern «probabilistisch»[47] sind.

Beispielhaft wird oft das Werfen eines Würfels genannt. Ein Würfel ist nicht sonderlich komplex: Er hat sechs Seiten mit je einer Zahl. Trotzdem können wir nicht vorhersagen, welche Zahl wir erwürfeln.

Hat Würfeln also mit Zufall zu tun? Sind Würfelergebnisse frei von Naturgesetzen, zumindest von strengen Naturgesetzen? Falls ja, kann dann nicht auch unser Denken frei sein, trotz der Naturgesetze? Wozu braucht es dann noch eine Seele?

Gibt es Zufall?

Folgender Test: Wir nehmen einen Würfel und halten ihn so, dass die Zahl Sechs nach oben zeigt. Nur wenige Millimeter über der Tischplatte lassen wir den Würfel los. Was wird passieren? Und was werden wir würfeln?

Erstens: Der Würfel wird auf die Tischplatte fallen – weil er dem Gesetz der Schwerkraft unterliegt. Zweitens: Wir werden mit Sicherheit die Zahl Sechs würfeln. Denn der Würfel kann sich bei geringer Fallhöhe nicht schnell genug drehen.

Nun können wir den Wurf wiederholen und jedes Mal die Fallhöhe steigern – also die Höhe, von der aus wir den Würfel fallen lassen. Wir werden feststellen: Je größer die Fallhöhe, desto seltener würfeln wir die Sechs.

Nun ließe sich einwenden, dass wir den Würfel nicht jedes Mal gerade halten, sondern ein bisschen schief, und zwar immer anders schief. Kein Wunder, dass nicht jedes Mal dieselbe Zahl erscheint. Wir sind ja keine Maschinen.

Stimmt. Also nehmen wir eine Maschine. Eine Apparatur, in der wir den Würfel fixieren, jedes Mal genau gleich.

Geht das überhaupt? Können wir den Würfel bis aufs letzte Elementarteilchen genau fixieren? Natürlich nicht. Und was ist mit anderen Faktoren? Ist die Tischplatte eben? Bis aufs letzte Elementarteilchen genau? Nein.

Wie sieht es mit der Luftströmung aus? Mit Staubkörnern in der Luft oder auf der Tischplatte? Kleinste Abweichungen können das Ergebnis beeinflussen. Beim Würfeln mit der Hand kämen noch weitere Faktoren hinzu: der Wurfwinkel, die Wurfgeschwindigkeit, die Beschaffenheit der Hand. All diese Dinge können wir nicht exakt kontrollieren.

Und selbst wenn, dann hätten wir ein anderes Problem: Nachdem wir das erste Mal gewürfelt haben, ist der Würfel nicht mehr derselbe. Denn seine atomare Struktur hat sich durch den Aufprall geändert, wenn auch nur geringfügig.

Das heißt, wir können mit ein und demselben Würfel gar nicht zweimal würfeln. Der Test ist nicht wiederholbar. Ob es Zufall gibt, ist nicht abschließend klärbar. Und es ist nicht erkennbar, ob die Naturgesetze Freiräume lassen – sei es für Zufall oder für ein eigenständiges Denken und Handeln.

Ähnliches gilt für komplexe Wetterphänomene, für das Anstoßen von Billardkugeln oder für das Ziehen von Lottozahlen.

Auch dort ist nicht prüfbar, ob das Ergebnis zufällig ist – oder ob es komplexen Gesetzen gehorcht, die wir bislang nicht kennen.

Der Naturalist erwidert, dass es bei den Naturgesetzen trotzdem Hinweise auf Unregelmäßigkeiten gebe, vor allem im atomaren und subatomaren Bereich. Also bei Dingen, die so klein sind, dass wir sie nicht sehen können, sondern sie durch Messungen erschließen müssen. Die so genannte «Quantenmechanik»[48] beschäftigt sich damit.

Liefert sie Indizien für die Freiheit von Atomen – und damit für ein eigenständiges Denken und Handeln? Ist der Mensch also doch ohne Seele erklärbar?

Radioaktivität und Freiheit

Ein Beispiel: Radioaktive Substanzen wie Plutonium oder Uran zeichnen sich dadurch aus, dass nach einer festen Zeitspanne stets fünfzig Prozent ihrer Atomkerne zerfallen sind. Diese Zeitspanne nennt sich «Halbwertszeit».[49] Plutonium 238 hat zum Beispiel eine Halbwertszeit von ungefähr 88 Jahren. Das heißt: Von einem Kilogramm Plutonium wird nach 88 Jahren etwa die Hälfte der Atomkerne zerfallen sein.[50]

Auffällig ist, dass bislang nicht vorhersagbar ist, *welche* fünfzig Prozent der Atomkerne zerfallen. Denn es kann nicht prognostiziert werden, wann genau ein bestimmter Atomkern zerfällt. Ist radioaktiver Zerfall also zufällig – und damit frei von Naturgesetzen?

Vermutlich nicht. Denn wenn es bei jedem Atomkern zufällig wäre, wann er zerfällt, ließe sich nicht erklären, warum nach Ablauf der Halbwertszeit stets die Hälfte aller Atomkerne zerfallen ist. Es wäre ein unwahrscheinlicher Zufall, wenn sich die Einzel-Zufälle auf Atomkern-Ebene exakt so addieren, dass in Summe das Gesetz der Halbwertszeit gilt.

Radioaktiver Zerfall scheint kein zufälliges, sondern ein gesetzmäßiges Phänomen zu sein, vermutlich auf der Ebene der Elementarteilchen.[51]

Möglich wäre, dass zwischen den Atomkernen radioaktiver Substanzen gewisse Abhängigkeiten herrschen – und dass der Zerfall eines einzelnen Atomkerns die Zerfallswahrscheinlichkeit aller anderen Atomkerne beeinflusst.[52]

Dem eigenständigen Willen öffnet dies aber nicht die Tür, weder auf der Ebene der Atomkerne – noch auf der Ebene von Organismen, die aus Atomen bestehen. Wir haben es mit gesetzlicher Wahrscheinlichkeit zu tun, nicht mit der Willensfreiheit von Atomkernen, ob sie zerfallen oder nicht.[53]

Auch hier gilt: Es gibt keine Hinweise, dass Atome gewisse Freiheiten bieten – sei es für Zufall oder für ein eigenständiges Denken und Handeln.

Hat der Mensch also doch eine Seele?

Das Ganze und die Summe seiner Teile

Der Naturalist verneint, dass der Mensch eine Seele hat. Er sagt, dass es so etwas wie «Emergenz»[54] gebe. Damit ist gemeint, dass Dinge, die aus Atomen bestehen, oft andere Eigenschaften entwickeln als die Atome selbst. Vereinfacht ausgedrückt: dass das Ganze mehr ist als die Summe seiner Teile.

Wasser (H_2O) hat zum Beispiel andere Eigenschaften als seine Bestandteile Wasserstoff (H) und Sauerstoff (O) – was den Siedepunkt oder was das Aussehen betrifft.

Daran besteht kein Zweifel. Beim Gehirn geht der Naturalist aber weiter. Er sagt, dass die Teilchen des Gehirns durch ihr komplexes Wechselwirken nicht nur die Eigenschaften, sondern ihr ganzes Wesen verändern. Dass sich nicht nur der Siedepunkt verschiebt oder das Aussehen verändert, sondern dass aus Teilchen, die den Naturgesetzen gehorchen, plötzlich Dinge entstehen, die den Naturgesetzen nicht mehr gehorchen.

So sei es möglich, dass Bereiche des Gehirns durch Emergenz ein Eigenleben entwickeln, das von den Naturgesetzen unabhängig ist – ein Eigenleben, das nicht von den Naturgesetzen, sondern von sich selbst gesteuert wird.[55] Beispiele seien unser Bewusstsein, unser Wille, unser Denken und unsere Kreativität. Ähnliches gelte für die künstliche Intelligenz eines Computers.[56]

Das Problem ist, dass diese Aussage nicht prüfbar ist. Denn vermeintlich emergente Phänomene sind immer auch komplex. Es lässt sich nicht klären, ob uns bestimmte Gehirnfunktionen nur emergent erscheinen, in Wirklichkeit aber komplexen Gesetzen gehorchen, oder ob die Gehirnfunktionen tatsächlich emergent sind – und ein eigenständiges Denken und Handeln ermöglichen.

Entscheidend ist: Falls es Emergenz wirklich gäbe und einzelne Gehirnfunktionen *nicht* den Naturgesetzen gehorchen, wäre das entsprechende Denken und Handeln bereits *per definitionem* übernatürlich, egal aus welchen Substanzen oder Teilchen es besteht. Denn unser Denken und Handeln wäre dann nicht von den Naturgesetzen gesteuert. Es würde sich selbst steuern – auf naturwissenschaftlich unerklärbare Weise.

Es wäre nicht so, dass die entsprechenden Vorgänge *noch* nicht erklärbar sind, weil wir die jeweiligen Naturgesetze noch nicht kennen. Es würde bedeuten, dass die Vorgänge *grundsätzlich* keinen Naturgesetzen gehorchen, auch keinen Naturgesetzen, die wir noch nicht kennen.

Der Naturalist wäre kein Naturalist mehr, sondern ein Supranaturalist. Denn die Annahme, dass alles den Naturgesetzen gehorcht, wäre nicht erfüllt.

Dennoch bliebe offen, wie durch komplexes Wechselwirken natürlicher Teilchen etwas Übernatürliches entsteht – und warum nicht jedes komplexe Phänomen übernatürliche Fähigkeiten besitzt. Wieso zum Beispiel haben Wetterphänomene keinen Verstand und kein Bewusstsein?

Wären unser Verstand und unser Bewusstsein wirklich das, wofür wir sie halten? Könnte unser «Ich» eine emergente Gehirnfunktion sein? Oder wäre der Glaube, dass wir eigenständig denken und handeln, nur eine Illusion, die unser Gehirn uns vortäuscht?

Wenn wir davon ausgehen, dass wir ein Bewusstsein und einen Willen haben, wäre es dann nicht naheliegender, an eine übernatürliche Seele zu glauben?

Naturwissenschaftliche Erklärungen

Der Naturalist sagt, dass die naturwissenschaftliche Forschung dagegenspreche. Dass es keine Hinweise auf eine Seele gebe. Und dass sich wissenschaftlich nachweisen lasse, dass wir Menschen aus Materie bestehen – aus Atomen oder anderen Teilchen.

So sei unser Denken durch Gehirnströme erklärbar, unsere Gefühle durch Hormonschwankungen, unser Einfühlungsvermögen durch Spiegelneuronen. Letztlich sei unser gesamtes Denken, Empfinden und Handeln durch Biochemie erklärbar.[57]

Doch was heißt «erklärbar»? Können die Naturwissenschaften erklären, *warum* wir etwas Konkretes denken, empfinden und danach handeln? Oder können sie erklären, *wie* unser Denken, Empfinden und Handeln mit biochemischen Prozessen einhergeht?

Denken wir einen Gedanken, weil er durch unsere Gehirnaktivität so bestimmt wird? Oder ist unser Gehirn aktiv, weil wir etwas Konkretes denken? Wenn ja, woher kommen diese Gedanken?

Empfinden wir Liebe, weil die Hormone in unserem Körper verrücktspielen?

Oder spielen die Hormone in unserem Körper verrückt, weil wir reale Liebe empfinden? Wenn ja, was ist reale Liebe?

Vollziehen wir eine Handlung, weil unsere Biochemie nichts anderes zulässt? Oder sind die biochemischen Prozesse nur Ausdruck und Folge einer Handlung? Wenn ja, warum handeln wir so und nicht anders?

Im Fachjargon geht es um den Unterschied zwischen «Kausalität»[58] und «Korrelation»[59]. Die Naturwissenschaften zeigen, dass unser Denken, Empfinden und Handeln mit biochemischen Prozessen *korreliert*, also einhergeht; dass zum Beispiel Liebe mit Hormonausschüttungen einhergeht. Sie zeigen aber nicht, dass das eine das jeweils andere *kausal* bedingt, also verursacht.[60] Denn unser Liebesempfinden und unsere Hormonausschüttungen treten etwa zeitgleich auf. Wie sollen wir wissen, was davon die Ursache und was die Wirkung ist?

Manche Forschungen, wie das «Libet-Experiment»[61], scheinen zwar nahezulegen, dass unser Denken, Empfinden und Handeln auf Biochemie zurückführbar ist. Doch falls dieses Denken, Empfinden und Handeln von einer Seele ausginge, wäre diese ohnehin nicht naturwissenschaftlich nachweisbar.

Wie der Name schon sagt, können die Naturwissenschaften nur Dinge erfassen, die natürlich sind – keine übernatürliche Seele. Die Naturwissenschaften können messen, wie sich unser Denken, Empfinden und Handeln im natürlichen Körper äußert, aber nicht, ob diesen Äußerungen eine übernatürliche Seele zugrunde liegt.

Auffällig ist aber: Unser Denken, Empfinden und Handeln kann durch Verletzungen, Krankheiten und Drogenkonsum gestört werden. Ein Mensch, der betrunken ist oder eine Gehirnerschütterung hat, kann für gewöhnlich weniger klar denken als ein gesunder Mensch. Das muss aber nicht heißen, dass unser Denken, Empfinden und Handeln nur im Körper erfolgt, vor allem im Gehirn. Es könnte auch in der Seele stattfinden, sich in

Gehirnaktivitäten äußern und bei Verletzungen, Krankheiten oder Drogenkonsum blockiert werden.[62]

Zudem wäre denkbar, dass sich Körper und Seele wechselseitig beeinflussen. Dass zum Beispiel körperliche Krankheiten unsere Seele belasten; dass aber auch seelische Krankheiten unseren Körper belasten.[63] Die Frage ist, wie diese Wechselwirkungen stattfänden. Am ehesten vermutlich durch Informationssignale.[64]

Zurück zur Ausgangsfrage: Gibt es die übernatürliche Seele oder nicht? Der Supranaturalist kann sie nicht beweisen. Der Naturalist kann sie nicht widerlegen. Ist es klug vom Agnostiker, sich nicht festzulegen?

Eine Frage des Menschenbildes

Nehmen wir an, der Naturalist trifft auf den Supranaturalisten. Die beiden diskutieren darüber, ob es eine Seele gibt. Der Agnostiker hört zu. Da er neutral ist, versucht er zu vermitteln.

Der Supranaturalist sagt: Jeder, der schon echte Liebe erlebt hat, und jeder, der sich über die Ungerechtigkeit in der Welt ärgert, der spürt doch, dass Gefühle und Werte nicht nur Biochemie sind. Ich glaube, sagt er, dass Gefühle und Werte in der Seele stattfinden – und dass sie real sind.

Der Naturalist erwidert: Das glaube ich nicht. Für mich sind Gefühle und Werte nur biochemische Reaktionen.

Der Agnostiker stutzt. Vielleicht war ihm nicht bewusst, was der Naturalist letztlich glaubt. Interessant wäre, wie der Agnostiker die Liebe zu seiner Frau sieht; mit welcher Motivation er sich für seine Mitmenschen einsetzt.

In der Diskussion zwischen Naturalist und Supranaturalist bleibt ihm jedenfalls nichts anderes übrig, als beide Sichtweisen stehenzulassen. Es ließe sich ewig über sie diskutieren, ohne Konsens. Es handelt sich um eine Glaubensfrage.

Der Supranaturalist sagt: Ich glaube, dass wir eigene Entscheidungen treffen. Weil unser Wille in der Seele verankert ist. Ich glaube, dass wir für unser Handeln verantwortlich sind.

Der Naturalist sagt: Nein, das sehe ich anders. Wenn wir eigene Entscheidungen träfen, wären wir ja unabhängig von den Naturgesetzen, zumindest teilweise. Ich glaube, sagt er, dass alles den Naturgesetzen gehorcht, auch unsere Entscheidungen. Was wir tun, wird nicht von uns, sondern von den Naturkräften bestimmt.

Der Agnostiker wundert sich, dass der Naturalist so entschieden ist – wo dieser an eigene Entscheidungen doch gar nicht glaubt. Wenn der Naturalist recht hat, wäre seine Entscheidung, nicht an die Seele zu glauben, nicht von ihm, sondern von den Naturkräften gesteuert. Die Frage ist, ob seine Entscheidung dann richtiger sein könnte als die des Supranaturalisten, an die Seele zu glauben.

Der Agnostiker entscheidet sich trotzdem, beide Ansichten stehenzulassen. Er fragt sich aber, ob er die Entscheidung selbst getroffen hat – oder ob es die Naturgesetze waren. Er ist sich nicht sicher.

Der Supranaturalist sagt: Über Gefühle, Werte und den Willen lässt sich diskutieren. Es gibt aber *eine* Frage, über die wir *nicht* diskutieren können: nämlich die Frage, ob wir diskutieren können.

Sobald wir darüber diskutieren, setzen wir ja schon voraus, dass wir diskutieren können – ob wir es wollen oder nicht.

Um diskutieren zu können, müssen wir aber denken können, und zwar eigenständig. Andernfalls wäre jede Diskussion eine Farce. Sie wäre wie ein Programm, das abläuft, ohne dass wir Einfluss darauf haben. Nicht wir selbst, sondern die Naturkräfte würden diskutieren; und wir könnten nicht beanspruchen, dass unsere Argumente richtig sind – oder unsere Begründungen. Denn Argumente und Begründungen wären nur Biochemie.

Sobald wir diskutieren, setzen wir voraus, dass wir eigenständig denken können; dass nicht die Naturgesetze, sondern wir selbst unser Denken steuern, zumindest teilweise. Das würde bedeuten, dass unser Denken zu einem gewissen Grad unabhängig von den Naturgesetzen ist; dass es übernatürlich ist – etwa verankert in einer Seele.

Der Naturalist möchte dem Supranaturalisten antworten. Doch ihm wird klar, dass er ein Problem hat: Er kann die Diskussion nur dann fortführen, wenn er beansprucht, dass seine Argumente richtig sind; dass sie besser sind als die des Supranaturalisten. Doch wenn alles nur Biochemie ist, auch Argumente, kann es so etwas wie Richtigkeit oder Wahrheit dann geben?

Vermutlich nicht. Es gäbe dann keine richtigen oder falschen Argumente. Alles wäre ein Produkt der Naturgesetze, weder gut noch schlecht. Niemand könnte beanspruchen, bessere Argumente zu haben, auch nicht der Naturalist.

Das heißt nicht, dass der Naturalist unrecht hat. Doch er kann seine Ansicht nicht argumentativ begründen. Denn Argumente und Begründungen sind im Naturalismus nur Biochemie, gesteuert von den Naturgesetzen.

Professor John Burdon Sanderson Haldane, selbst Naturalist und Genetiker, stellte das eines Tages fest:

Wenn mein Denken durch die Atome in meinem Gehirn gesteuert wird, dann kann ich nicht *begründen,* dass meine Ansichten richtig sind. […] Also kann ich auch nicht *begründen,* dass mein Denken durch die Atome in meinem Gehirn gesteuert wird.[65]

John Burdon Sanderson Haldane

Professor Clive Staples Lewis, Literaturwissenschaftler an der University of Cambridge, formulierte es wie folgt:

> [Das Denkvermögen des Menschen ist] jener kleine verräterische Spalt in der Natur, der uns anzeigt, dass es noch etwas außerhalb der Natur und über sie hinaus gibt.[66]
>
> *Clive Staples Lewis*

Der Naturalismus ist damit nicht widerlegt. Doch wenn er versucht, sich argumentativ zu begründen, widerspricht er sich selbst.[67]

Der Naturalist sieht ein, dass er sich aus der Diskussion zurückziehen muss. Der Agnostiker kann genau genommen auch nichts mehr sagen. Denn wenn er für seine Aussagen Richtigkeit beansprucht, müsste er annehmen, dass seine Aussagen mehr sind als Biochemie. Und plötzlich wäre er Supranaturalist.

Was bedeutet das? Naturalismus und Agnostizismus sind theoretische Optionen. Man kann an sie glauben, wenn man möchte. In der Praxis geraten sie jedoch ins Wanken.

Über Gefühle und Werte kann man unterschiedlicher Meinung sein. Doch ohne Denken und ohne Wille würde jedes menschliche Interagieren ad absurdum geführt. Wir können nicht sagen, dass es diese Dinge nicht gebe, gleichzeitig aber so leben, als ob es sie gäbe.

Glauben Sie an die Würde des Menschen? An den Wert von Gerechtigkeit? An die Bedeutung von Liebe?

Gehen Sie davon aus, dass wir für unser Handeln verantwortlich sind, zumindest teilweise? Dass es richtig ist, Straftäter zur Rechenschaft zu ziehen?

Diskutieren Sie über Dinge, die Ihnen am Herzen liegen? Messen Sie Ihren Argumenten Bedeutung bei? Sind Sie bereit, für Ihre Ansichten einzustehen?

Woran wir glauben und wer wir sind, zeigt sich nicht daran, was wir sagen, sondern wie wir leben.

Kapitel 2

Die Suche nach dem Ursprung des Menschen

Woher kommen wir?

Um zu wissen, wer wir sind, müssen wir verstehen, woher wir kommen. Denn unsere Herkunft prägt uns, vor allem unser Elternhaus: einerseits durch die Gene, andererseits durch die Erziehung.

Das Elternhaus erklärt aber nicht alles, denn jeder Mensch ist einzigartig, auch innerhalb der Familie. Jeder Verwandte hat eigene Charakterzüge, persönliche Stärken und Schwächen. Das gilt sogar für Zwillinge, von Geburt an.[1]

Gleichzeitig haben alle Menschen Gemeinsamkeiten, über Elternhäuser und Kulturen hinweg. Es gibt Dinge, die alle Menschen teilen: gewisse Grundeigenschaften und Anlagen, gewisse Hoffnungen, Ängste und Sehnsüchte: die Sehnsucht nach Glück und Erfüllung, den Hang zu Egoismus und Eifersucht. Woran liegt das?

Wissenschaftler sagen: Alle Lebewesen haben denselben Ursprung – und eine gemeinsame Entwicklungsgeschichte.[2] Quasi ein ultimatives prägendes Elternhaus. Das soll auch für uns Menschen gelten. Die Frage ist: Wo liegt dieser Ursprung? Was ist diese Geschichte? Kann sie unsere Gemeinsamkeiten erklären?

Naturalisten sagen, dass unser Ursprung in der Natur liegt. Supranaturalisten sagen, dass wir auf etwas Übernatürliches zurückgehen. Atheisten sagen, dass wir Produkte der Evolution sind. Theisten sagen, dass wir Geschöpfe eines Gottes sind. Wobei es auch Theisten gibt, für die beides vereinbar ist: Evolution und der Glaube an Gott.

Wer hat recht? Was ist unser Ursprung und unsere Geschichte? Und welche Bedeutung hat dieser Ursprung für die Frage, wer wir sind? Für unsere ursprüngliche Identität? Für die Suche nach Sinn, Erfüllung und Bestimmung?

Wenn wir ergebnisoffen suchen, sollten wir beides in Betracht ziehen: dass wir auf die Natur zurückgehen und dass wir von etwas Übernatürlichem abstammen.

Wie das letzte Kapitel gezeigt hat, könnte es eine übernatürliche Seele geben. Sie könnte sogar die Voraussetzung für ein eigenständiges Denken, Empfinden und Handeln sein. Es liegt deshalb nahe, zuerst nach einem übernatürlichen Ursprung zu fragen; nach etwas erstem oder höchstem Übernatürlichen. Gibt es so etwas?

Die Frage nach dem Höchsten

Das Höchste innerhalb des Übernatürlichen wird meist als «Gott» oder «Gottheit» bezeichnet. Wobei es ein breites Spektrum unterschiedlicher Gottesvorstellungen gibt: Gott als Person oder als Kraft, konkret oder abstrakt, gut oder böse, beides oder weder noch. Ausdruck finden die Gottesvorstellungen in verschiedenen Glaubensrichtungen.[3]

Ob es Gottheiten gibt, wird oft diskutiert, nicht nur zwischen Theisten und Atheisten, sondern auch unter Wissenschaftlern. Dabei gibt es zwei Ansätze: den *natur*wissenschaftlichen und den *geistes*wissenschaftlichen. Können die Wissenschaften die Gottes-Frage klären?

Die Naturwissenschaften haben das Ziel, die Natur zu erforschen, sprich: die natürliche Welt. Zum Beispiel die Abläufe im menschlichen Körper, das Verhalten der Moleküle, die Bewegungen der Planeten.

Zu den Forschungsmethoden zählen die Beobachtung und die Messung: Wenn Biologen zum Beispiel das Pflanzenwachstum erforschen, können sie es beobachten – und versuchen, darin Regelmäßigkeiten zu finden. Wenn Meteorologen das Wetter erforschen, können sie den Luftdruck, die Temperatur und die Windgeschwindigkeit messen – und analysieren, unter welchen Bedingungen welches Wetter entsteht.

Damit ein Ergebnis nachprüfbar ist, muss man die Beobachtung oder Messung wiederholen können. Entweder das Phänomen tritt regelmäßig auf wie im Falle des Pflanzenwachstums, oder man versucht, es durch Experimente zu erzeugen.

Will man zum Beispiel wissen, wie lange es dauert, bis eine Bowlingkugel den Boden erreicht, macht man ein Experiment, lässt die Kugel fallen und misst dabei die Zeit. Wenn die Kugel aus immer derselben Höhe fällt, wird das Ergebnis auch immer dasselbe sein – von kleineren Schwankungen abgesehen.

Das Besondere ist: Wer das Ergebnis anzweifelt, kann es mit eigenen Augen nachprüfen. Indem er die Kugel selbst in die Hand nimmt und das Experiment wiederholt. Das Phänomen ist nachweisbar, weil es bei Bedarf wiederholt werden kann.

Anders ist es, wenn ein Phänomen sich nicht wiederholen lässt. Wenn zum Beispiel ein Arzt behauptet, ein aus dem Koma erwachter Mensch sei zuvor klinisch tot gewesen, ließe sich das nicht mit Sicherheit nachweisen. Denn die Gesundung der Person wäre ja nicht wiederholbar.

Selbst Gehirnstrommessungen wären kein Beweis. Entweder die Messungen wären falsch – und die Person war in Wirklichkeit gar nicht tot. Oder der Arzt lügt. Oder es liegt eine Wunderheilung vor. Wir wissen es nicht und können es nicht nachprüfen. Der Arzt kann seine Aussage nicht nachweisen – weil die Gesundung der Person nicht wiederholbar ist.

Was bedeutet das für die Frage nach dem Göttlichen? Nehmen wir an, es gäbe einen Gott. Dieser Gott würde einem Wissenschaftler begegnen. Der Wissenschaftler wäre derart beeindruckt, dass er anschließend an Gott glaubt.

Trotzdem könnte der Wissenschaftler seine Gottesbegegnung nicht nachweisen. Er könnte sie nicht wiederholen, um sie seinen Wissenschaftskollegen vorzuführen. Denn ein übernatürlicher Gott unterliegt nicht den Naturgesetzen – und kann nicht auf Knopfdruck herbeigeführt werden, wie das Fallen einer Bowlingkugel.

Die Kollegen würden dem Wissenschaftler nicht glauben. Nach einigen Wochen würde er vielleicht sogar selbst an sich zweifeln. Es bliebe unklar, ob der Wissenschaftler recht hat oder nicht.

Das bedeutet nicht, dass ein Gott nicht existieren kann. Doch seine Existenz wäre naturwissenschaftlich nicht nachweisbar – ob er nun existiert oder nicht. Denn vermeintliche Gottesbegegnungen wären durch Experimente nicht nachprüfbar.

Das heißt aber auch, dass man die Existenz Gottes nicht ausschließen kann. Man kann nicht beweisen, dass ein Gott nicht existiert.

Genau genommen heißt das: Sowohl der Theismus als auch der Atheismus sind Glaubensrichtungen – weil sie mit naturwissenschaftlichen Methoden nicht beweisbar sind.

Es gibt aber noch die geisteswissenschaftliche Sicht, vor allem die philosophische. Kann sie uns helfen, die Gottes-Frage zu klären?

Über Ordnung und Unordnung

Philosophen versuchen, die Gottes-Frage durch Nachdenken zu klären, durch logisches Argumentieren. Am bekanntesten sind das teleologische[4] und das kausale[5] Argument.

Das teleologische Argument sagt: Ordnung entsteht nicht von allein. Wenn wir eine Kiste mit Bausteinen schütteln oder die

Steine sich selbst überlassen, entsteht dadurch kein Haus – oder eine andere Form von Ordnung. Es braucht immer jemanden, der für Ordnung sorgt. Jemanden, der ein Ziel und einen Plan hat.[6]

Nun steht außer Frage, dass das Universum eine Ordnung hat: die Umlaufbahn der Planeten, die Prozesse der Natur, die Komplexität des Lebens. All das hat eine Ordnung.

Die Frage ist: Kann diese Ordnung auch ohne einen Planer entstehen? Aus den Elementarteilchen des Universums? Allein durch die Naturgesetze?

Wissenschaftler sagen, dass ein Universum nur dann Leben zulässt, wenn es eine Feinabstimmung zahlreicher «Naturkonstanten»[7] gibt – und dass in unserem Universum genau diese Feinabstimmung existiert. Wären die Konstanten nur minimal anders, könnte es Leben nicht geben.[8]

Ist das Zufall? Oder hat das Universum einen Planer?

Falls ja, so könnte dieser Planer nicht selbst Teil der Natur sein, genauso wie der Planer eines Hauses kein Baustein sein kann.

Vertreter des teleologischen Arguments sagen: Die Existenz und Ordnung der Welt, vor allem die des Lebens, erfordere einen *übernatürlichen Planer*. Diesen könne man als «Gott» bezeichnen.

Gegner des Arguments sagen: Es sei zwar höchst unwahrscheinlich, dass ein Universum Leben ermöglicht. Doch vielleicht gebe es ja Trilliarden von Universen; und wir befänden uns gerade in jenem, das lebensfreundlich ist. Zudem sei Leben womöglich auch mit anderen Feinabstimmungen denkbar.[9]

Trotzdem bliebe die Frage, wer oder was die Trilliarden Universen verursacht hat; warum es überhaupt Universen, Naturkonstanten und Naturgesetze gibt. Kommen sie aus dem Nichts? Ohne Ursache?

Die erste aller Ursachen

An dieser Stelle setzt das kausale Argument ein.[10] Es lautet: Alles Natürliche hat eine Ursache. Es regnet zum Beispiel niemals aus dem Nichts. Regen wird immer durch eine Kombination aus Wolken, Wassertropfen und Schwerkraft verursacht. Auch ein Tier entsteht nicht aus dem Nichts. Es muss von anderen Tieren gezeugt und damit verursacht werden. Wobei diese Tiere dann ebenfalls eine Ursache hätten – und so weiter.

Das heißt: Jede natürliche Existenz ist Teil einer Ursache-Wirkungs-Kette, eines komplexen Geflechts aus Ursachen und Wirkungen. Will man der Welt auf den Grund gehen, müsste man herausfinden, woher die Ursache-Wirkungs-Kette kommt. Man müsste versuchen, sie zu ihrem Ursprung zurückzuverfolgen.

Nehmen wir das Beispiel mit den Tieren: Ein Hund wird von anderen Hunden gezeugt und damit verursacht, diese Hunde wiederum von anderen Hunden – und so weiter. Wenn die Evolutionstheorie[11] recht hat, sind Hunde irgendwann aus einer anderen Tierart entstanden, etwa aus Wölfen. Diese wiederum aus anderen Tierarten – und so weiter. Letztlich würden alle Tiere auf Einzeller zurückgehen, zum Beispiel auf Bakterien.

Doch woher kommen die Einzeller? Wer oder was hat sie verursacht?

Einzeller bestehen aus organischen Molekülen, diese wiederum aus Atomen, und diese letztlich aus Elementarteilchen. Laut der Physik kommen die Elementarteilchen aus dem Urknall.

Doch woher kommt der Urknall? Wer oder was hat ihn verursacht?

Manche Physiker sagen: Der Urknall wurde durch ein anderes Universum verursacht, der Urknall des anderen Universums durch ein drittes Universum – und so weiter. Falls dem so wäre, gäbe es kein *Uni*versum, sondern ein *Multi*versum.[12] Aber die

Grundfrage bliebe: Wer oder was hat das Multiversum verursacht?

Wenn alles Natürliche eine Ursache hat, müsste auch das Uni- oder Multiversum eine Ursache haben. Das Entscheidende ist: Diese Ursache dürfte selbst keine Ursache haben; sonst wäre sie wieder Teil der natürlichen Ursache-Wirkungs-Kette. Das heißt:

Es bräuchte eine *erste* Ursache, die *außerhalb* der natürlichen Ursache-Wirkungs-Kette liegt – eine *erste, übernatürliche Ursache*.

Vertreter des kausalen Arguments nennen die Ursache «Gott», wobei sie offenlassen, ob und warum dieser Gott existiert.

Gegner des Arguments versuchen, ein Multiversum aus sich selbst heraus zu erklären – ohne Ursache.[13] Ein Multiversum ohne Ursache wäre aber übernatürlich. Denn nur das Übernatürliche bedarf selbst keiner Ursache. So oder so muss die natürliche Welt eine Ursache haben, egal ob wir an ein Uni- oder Multiversum glauben.

Damit ist Gott zwar nicht bewiesen; doch die Notwendigkeit seiner Existenz scheint nicht unplausibel. Wobei die Frage wäre, was für ein Gott das sein könnte: ein Wesen oder Prinzip, eine Person oder Kraft, gut oder böse, beides oder weder noch.

Nehmen wir kurz an, es gäbe einen Gott. Könnte uns die Realität irgendwelche Auskünfte über ihn geben?

Überlegungen zu Gott

Wie gesagt: Wir sollten beide Optionen in Betracht ziehen – dass wir von der Natur abstammen oder von etwas Übernatürlichem; dass wir auf die Atome zurückgehen oder auf einen Gott.

Mit der Evolutionstheorie werden wir uns gleich noch beschäftigen.[14] Die Option eines Gottes können wir vorher aber zu Ende denken – und uns folgende Fragen stellen.

Frage 1: *Nehmen wir an, es gäbe einen Gott. Wäre er intelligent oder nicht?*

Das letzte Kapitel hat gezeigt: Wenn wir für uns beanspruchen, eigenständig denken zu können, müssten wir voraussetzen, dass unsere Denkfähigkeit übernatürlich ist. Andernfalls wäre unser Denken nicht von uns, sondern von den Naturkräften gesteuert.

Doch wenn unser Denken übernatürlich wäre, gäbe es so etwas wie eine übernatürliche Denkfähigkeit oder Intelligenz. Läge es dann nicht nahe, dass auch die erste übernatürliche Ursache des Universums intelligent ist? Angesichts der Feinabstimmung der Natur und der Ordnung des Lebens?

Damit ist Gott zwar nicht bewiesen. Doch wenn es ihn gäbe, wäre er vermutlich intelligent.

Frage 2: *Nehmen wir an, es gäbe einen Gott, der intelligent ist. Wäre er persönlich oder unpersönlich, ein konkretes Wesen oder ein abstraktes Prinzip?*

Es liegt auf der Hand, dass wir Menschen keine abstrakten Prinzipien oder unpersönlichen Energien sind; sondern dass wir Wesen mit einer Persönlichkeit sind – Wesen mit persönlichen Charakterzügen. Auch andere Wesen haben eine Persönlichkeit, etwa Hunde oder Katzen.[15]

Woher kommt unsere Persönlichkeit? Aus den unpersönlichen Atomen des Universums? Durch die Reaktion unpersönlicher Teilchen? Auf Basis unpersönlicher Naturgesetze? Kann durch Evolution aus etwas Unpersönlichem etwas Persönliches entstehen?[16]

Wenn das Universum einen übernatürlichen Ursprung hat, dann würden auch wir, mit unserer Persönlichkeit, auf diesen Ursprung zurückgehen. Läge es dann nicht nahe, dass auch der Ursprung unserer Persönlichkeit eine Persönlichkeit ist oder hat?

Auch damit ist Gott nicht bewiesen. Doch wenn es ihn gäbe, könnte er durchaus persönlich sein.

Frage 3: *Nehmen wir an, es gäbe einen Gott, der persönlich ist. Wäre er gut oder böse, beides oder weder noch?*
Diese Frage ist schwieriger zu klären. Einerseits könnte man sagen: Es gibt so viel Böses in der Welt. Hungersnöte, Kriege, Hass und Ungerechtigkeit. Ein guter Gott würde das niemals zulassen.

Andererseits könnte man sagen: Es gibt so viel Gutes in der Welt. Die Schönheit der Natur, die Liebe zwischen den Menschen und manchmal sogar Frieden und Gerechtigkeit. Woher sollte das kommen, wenn nicht von einem guten Gott?

Man könnte versuchen zu trennen: zwischen Dingen, die von einem Gott kommen, etwa die Schönheit der Natur, und Dingen, die von uns Menschen kommen, etwa Kriege und Völkermorde. Doch erstens ist die Trennung nicht einfach, denn wir Menschen beeinflussen die Natur – und die Natur beeinflusst uns Menschen. Zweitens bliebe die Frage, warum ein guter Gott Menschen erschaffen sollte, die zu Bösem fähig sind.

Entweder er wäre gut und böse zugleich. Oder das Ganze ist komplizierter, als wir denken. Wir werden das prüfen.

Momentan kommen wir hier nicht weiter. Lassen Sie uns versuchen, einen anderen Weg zu gehen – und folgenden Gedanken zu denken:

Jeder Mensch wird von seiner Herkunft geprägt, vor allem von seinem Elternhaus. Wenn wir tatsächlich auf einen Gott zurückgingen, wäre er der Ursprung unserer Existenz, unser ultimatives Elternhaus.

Läge es dann nicht nahe, dass wir von unserer göttlichen Herkunft geprägt wären? Dass sich Merkmale des göttlichen Wesens auch in uns Menschen fänden, in unserem tiefsten Inneren? Ähnlich, wie zentrale Merkmale unserer Eltern auch in uns selbst erkennbar sind?

Lassen Sie uns den Gedanken zu Ende denken – und dem menschlichen Wesen auf den Grund gehen. Tun wir das, so könnten wir folgende Frage stellen: Ist der Mensch in seinem tiefsten Inneren gut oder böse, beides oder weder noch?

Was bedeutet überhaupt «gut» und «böse»?

Überlegungen zum Menschen

Psychologische Studien zeigen: Wir Menschen haben ein Gespür oder Wissen um Gut und Böse – und zwar intuitiv. Dabei gibt es zwei Werte, die wir weltweit am stärksten als gut empfinden: Liebe und Gerechtigkeit. Umgekehrt empfinden wir Lieblosigkeit und Ungerechtigkeit als schlecht oder böse.[17]

Doch was verstehen wir unter «Liebe» und «Gerechtigkeit»? Lassen Sie uns die Forschung genauer betrachten.

Liebe gilt als stärkste Form der Zuneigung, die Personen füreinander empfinden können. Dabei wird zwischen drei Arten von Liebe unterschieden. Die bekannteste Einteilung stammt aus dem Griechischen.[18]

Es gibt die erotische Liebe, die man Eros[19] nennt. Sie beschreibt das sinnlich-erotische Begehren eines Menschen. Es gibt die Liebe zu Freunden, die man Philia[20] nennt. Sie beruht auf gegenseitigem Wertschätzen und Verstehen. Und es gibt die bedingungslose Liebe, die Agape[21] heißt. Sie umfasst die Freundesliebe und die Feindesliebe. Sie ist die umfassendste Liebe zu allen Menschen – auch bekannt als Nächstenliebe.

Agape gilt als höchste Form der Liebe. Sie ist nicht selbstbezogen, sondern selbstlos. Sie ist nicht aufgezwungen, sondern freiwillig. Und sie äußert sich darin, dass man bereit ist, sich für andere aufzuopfern. Zum Beispiel, wenn man bei Hilfseinsätzen sein Leben riskiert – oder wenn man als Elternteil die Karriere für sein Kind aufgibt.[22]

Die hohe Bedeutung von Liebe[23] wird immer wieder erforscht, zum Beispiel in einer Studie der Washington University. Sie zeigt: Menschen, die in ihrer Kindheit viel Liebe erfahren, haben ein stärkeres Gehirnwachstum – und zwar derjenigen Areale, die mit Stressbewältigung, psychischer Stabilität und Optimismus einhergehen.[24]

Zudem zeigt eine Glücksstudie der Harvard University: Es gibt nichts, was uns Menschen glücklicher macht, als das Erleben liebevoller, harmonischer Beziehungen. Nichts beflügelt uns stärker als die glückliche Liebe zu einem Partner. Und nichts verleiht uns mehr Glück als die Zuneigung unserer Eltern und Freunde. Grundlage der Studie ist eine Langzeituntersuchung von fast 300 Menschen über einen Zeitraum von gut 70 Jahren.[25]

Diese und weitere Studien[26] zeigen: Wir Menschen scheinen die Gewissheit zu haben, dass Liebe gut ist – und zwar unabhängig von unserem Alter und unabhängig von unserer Kultur. Das ist objektiv messbar, anhand des Gehirnwachstums. Und das ist subjektiv messbar, anhand unseres Glücksgefühls.

Doch wenn wir die Gewissheit haben, dass Liebe gut ist, warum gibt es dann trotzdem so viel Lieblosigkeit und sogar Hass in der Welt?

Über Liebe und das Gewissen

Die Gewissheit, dass Liebe gut ist, findet Ausdruck im menschlichen Gewissen.[27] Und wenn wir eine Entscheidung treffen, die unser Gewissen betrifft, können wir entweder auf das Gewissen hören – oder unser Gewissen verdrängen.

Das heißt: Die Gewissheit, dass Liebe gut ist, mündet vor allem dann in liebevolles Verhalten, wenn wir bei Entscheidungen auf unser Gewissen hören.

Solche Entscheidungen sind unproblematisch, wenn ein Verhalten nicht nur unseren Mitmenschen, sondern auch uns selbst dient: zum Beispiel, wenn wir jemandem helfen, um von anderen Menschen Anerkennung zu bekommen; wenn wir einen Angestellten fördern, um selbst von seinen Leistungen zu profitieren; wenn wir einer Person einen Gefallen tun, um später eine Gegenleistung zu erwarten; oder wenn wir Bio-Lebensmittel nur deshalb kaufen, weil sie gut für unsere Gesundheit sind.

Problematisch werden Entscheidungen erst dann, wenn sie eine Abwägung von uns erfordern: zwischen dem Wohl der Mitmenschen und unseren eigenen Interessen. Also dann, wenn ein liebevolles und mit dem Gewissen in Einklang stehendes Verhalten bestimmte Opfer von uns verlangt.

Das ist der Fall, wenn wir einem Obdachlosen helfen können, indem wir Geld oder Zeit für ihn opfern – ohne einen Vorteil daraus zu ziehen. Wenn wir einer Person das Leben retten können, dafür aber unsere Gesundheit riskieren müssen. Wenn wir unserem besten Angestellten einen aussichtsreicheren Job vermitteln können, anschließend aber nicht mehr von seinen Leistungen profitieren werden. Oder wenn wir aus Liebe zur Umwelt Ökostrom beziehen können, dies jedoch mit deutlich höheren Stromkosten verbunden ist.

Erst in solchen Situationen zeigt sich, ob wir auch dann auf unser Gewissen hören und uns liebevoll verhalten, wenn es Nachteile für uns bedeutet.

Es gibt Menschen, die zumindest versuchen, auf ihr Gewissen zu hören. Menschen, die sich auch dann liebevoll verhalten, wenn es Opfer von ihnen verlangt. Bezeichnen könnte man diese Haltung als *selbstloses Streben nach Liebe*.

Grundlage dafür wäre ein gewisses Streben nach Wahrheit.[28] Denn Menschen, die nach Wahrheit streben, hören eher auf ihr Gewissen – und spüren die Gewissheit, dass es gut ist, sich liebevoll zu verhalten.[29]

Gleichzeitig gibt es Menschen, die diese Gewissheit verdrängen; zumindest dann, wenn sie in einer Situation sind, in der ein liebevolles Verhalten persönliche Nachteile bedeutet. Bezeichnen könnte man diese Haltung als *egoistisches Streben nach Eigennutz*.

Nun gibt es wohl keinen Menschen, der immer auf sein Gewissen hört, und keinen Menschen, der jederzeit sein Gewissen verdrängt. Schon deshalb nicht, weil wir oft aus Angst heraus handeln oder aus Zwängen – und glauben, keine andere Wahl zu haben.[30]

Dennoch gilt: Der Grad, zu dem wir selbstlos oder egoistisch handeln, hängt nicht zuletzt davon ab, wie stark unser Streben nach Liebe und wie groß unser Streben nach Eigennutz ist.[31]

Während das Streben nach Liebe für viele selbstlose und aufopferungsvolle Taten verantwortlich ist, führt das Streben nach Eigennutz zu zahlreichen egoistischen Verhaltensweisen. Und diese Verhaltensweisen sind der Grund, warum in der Welt so viel Lieblosigkeit herrscht – obwohl unser Gewissen uns sagt, dass Liebe gut und Lieblosigkeit schlecht ist.

Doch was ist mit dem Hass in der Welt? Lässt dieser sich ebenfalls durch eine egoistisch motivierte Verdrängung des Gewissens erklären?

Um dieser Frage nachzugehen, müssen wir uns dem Thema Gerechtigkeit zuwenden.

Was ist gerecht?

Gerechtigkeit hat mehrere Bedeutungen. Ursprünglich ist damit ein Zustand der Ausgeglichenheit gemeint.[32] Das heißt: Gerechtigkeit liegt vor, wenn Ungleichgewichte ausgeglichen sind – und zwar in angemessener Form. Konkret sind damit drei Dinge gemeint.

Erstens: Menschen, die benachteiligt sind, erhalten einen angemessenen Ausgleich; denn jeder Mensch hat andere Voraussetzungen. Es ist gerecht, wenn ein Mensch, der von Geburt an behindert ist, angemessen vom Staat unterstützt wird, damit die Nachteile seiner Behinderung so weit wie möglich ausgeglichen werden.

Zweitens: Menschen, die etwas leisten, erhalten einen angemessenen Ausgleich – als Lohn für die geopferte Zeit, Kraft und Energie. Es ist gerecht, wenn ein Angestellter, der viele Überstunden gemacht hat, einen angemessenen Lohnausgleich erhält.

Drittens: Menschen, die Schaden anrichten, müssen einen angemessenen Ausgleich leisten – als Strafe für das verursachte Unheil und Leid. Es ist gerecht, wenn ein Verbrecher vor Gericht gestellt und angemessen bestraft wird, etwa in Form einer Geld- oder Freiheitsstrafe.

Es wäre hingegen ungerecht, wenn ein Verbrecher ohne Strafe davonkommt, wenn ein Geschäftsführer seine Angestellten ausbeutet, wenn ein behinderter Mensch keinen Job erhält, trotz bester Qualifikation, oder wenn ein Herrscher sein Volk unterdrückt und dessen Rechte und Freiheiten verletzt.

Studien zeigen, dass wir Menschen ein intuitives Gespür für Gerechtigkeit haben – unabhängig von unserer Kultur. Federführend ist das deutsche Max-Planck-Institut für evolutionäre Anthropologie in Leipzig. In weltweiten Teams werden immer wieder Studien durchgeführt, um den menschlichen Gerechtigkeitssinn zu erforschen. Dabei werden vor allem Kinder untersucht, um zu prüfen, ob der Gerechtigkeitssinn anerzogen oder angeboren ist.[33]

Interessant ist: Bereits Kleinstkinder haben ein Gespür für Gerechtigkeit. Schon fünfzehn Monate alte Kinder reagieren mit Aufregung und Entsetzen, wenn sie ungerechtes Verhalten beobachten oder wenn sie sehen, dass hilfsbedürftigen Menschen nicht geholfen wird.[34]

Studien mit noch jüngeren Kindern sind nicht möglich; denn Säuglinge könnten dem Gerechtigkeitsgefühl nicht Ausdruck verleihen. Erstaunlich ist aber: Je älter die Kinder, desto unterschiedlicher die Ergebnisse. Und je jünger die Kinder, desto einheitlicher das Gerechtigkeitsgefühl.

Dies legt nahe, dass unser Gerechtigkeitsgefühl nicht erst durch gute Erziehung entsteht, sondern durch schlechte Erziehung verändert wird. Vereinfacht ausgedrückt: Unser Gewissen scheint nicht anerzogen, sondern angeboren, zumindest die Veranlagung dafür. So konnten Hirnforscher zeigen, dass wir bereits von Geburt an ein Gehirnareal haben, das beim Empfinden von Ungerechtigkeit aktiv ist.[35]

Wie sehr das Gerechtigkeitsgefühl in uns verankert ist, zeigen tägliche Beispiele: Wenn eine Person uns Vorwürfe macht, die wir als ungerechtfertigt empfinden, reagieren wir zumeist verärgert und versuchen automatisch, uns zu rechtfertigen. Wenn wir uns auf einen Menschen verlassen und uns dieser im Stich lässt, werfen wir ihm vor, sich ungerecht und egoistisch verhalten zu haben. Und wenn wir einen Menschen selbst ungerecht behandeln, haben wir oft ein schlechtes Gewissen und können dem Menschen nicht mehr ehrlich in die Augen sehen.

Was den persönlichen Umgang mit dem Gewissen betrifft, gibt es aber große Unterschiede.

Über Gerechtigkeit und das Gewissen

Es gibt Menschen, die zumindest versuchen, auf ihr Gewissen zu hören – und sich auch dann gerecht zu verhalten, wenn es Opfer von ihnen verlangt. Bezeichnen könnte man diese Haltung als *selbstloses Streben nach Gerechtigkeit*.

Es kommt zum Beispiel darin zum Ausdruck, dass wir einen selbst verursachten Unfall auch dann der Polizei melden, wenn niemand den Unfall beobachtet hat; dass wir einer Kassiererin auch dann das zu viel herausgegebene Wechselgeld zurückgeben, wenn sie den Fehler selbst nicht bemerkt hat; dass wir einen Menschen auch dann nicht belügen, wenn das Äußern der Wahrheit zu Konflikten führt oder peinlich für uns ist.

Menschen, die sehr stark nach Gerechtigkeit streben, zeichnen sich dadurch aus, dass sie schneller Schuldgefühle entwickeln und Reue zeigen, wenn sie eine Ungerechtigkeit begehen; dass sie für andere Menschen Mitleid empfinden und sich für sie einsetzen, wenn diesen Unrecht geschieht; und dass sie nur dann Gerechtigkeit für sich einfordern, wenn sie auch wirklich ungerecht behandelt wurden. Falls diesen Menschen ein besonders hohes Maß an Ungerechtigkeit zustößt, kann das zu Verärgerung, Wut oder sogar Zorn führen.

Gleichzeitig gibt es Menschen, die ihr Gewissen eher verdrängen – vor allem wenn sie in einer Situation sind, in der sie durch ungerechtes Verhalten persönliche Vorteile erzielen. Ihren Ursprung hat diese Haltung im erwähnten *egoistischen Streben nach Eigennutz*.

Es zeigt sich darin, dass manche Menschen nur dann gerecht handeln, wenn ein ungerechtes Verhalten zu Sanktionen führt, wie im Falle der Steuerhinterziehung. Ist die Gefahr solcher Sanktionen gering, neigen viele Menschen zu ungerechten Verhaltensweisen. Beispiele sind das Belügen, Betrügen oder Bestehlen eines Mitmenschen.

Personen, die besonders stark nach Eigennutz streben, zeichnen sich dadurch aus, dass sie kaum Schuldgefühle entwickeln oder Reue zeigen, wenn sie eine Ungerechtigkeit begehen; dass sie für andere Menschen Gleichgültigkeit oder sogar Schadenfreude empfinden, wenn diesen Unrecht geschieht; und dass sie selbst dann gewisse Rechte für sich einfordern oder einklagen, wenn sie eigentlich im Unrecht sind.

Diese Menschen sind oft rechthaberisch und streitsüchtig. Sie können einen ungerechtfertigten Zorn entwickeln, wenn sie durch die berechtigte Kritik anderer Menschen in ihrem Ego gekränkt oder in ihrem Stolz verletzt werden. Je nach Größe des Egos oder Stolzes und je nach Ausmaß der Kränkung oder Verletzung kann es dabei nicht nur zu Zorn, sondern auch zu Hass kommen.

Erneut gilt: Es gibt wohl keinen Menschen, der immer gerecht ist, und keinen Menschen, der jederzeit ungerecht ist. Doch der Grad, zu dem wir gerecht oder ungerecht handeln, hängt nicht zuletzt davon ab, wie stark unser Streben nach Gerechtigkeit und wie groß unser Streben nach Eigennutz ist.[36]

Das Streben nach Gerechtigkeit würde ein gewisses Streben nach Wahrheit erfordern.[37] Denn Menschen, die nach Wahrheit streben, hören eher auf ihr Gewissen – und spüren die Gewissheit, dass es gut ist, sich gerecht zu verhalten.[38]

Umgekehrt wäre das Verdrängen von Wahrheit ein Hauptgrund dafür, dass in der Welt so viel Ungerechtigkeit, Egoismus und sogar Hass herrschen.

Was bedeutet all das für die Ausgangsfrage? Nehmen wir an, es gäbe einen Gott, der persönlich ist. Wäre er gut oder böse, beides oder weder noch?

Der Ursprung des Gewissens

Wie beschrieben, haben wir Menschen ein Gewissen. Es verleiht uns die Gewissheit, dass Liebe und Gerechtigkeit gut sind. Wenn wir auf das Gewissen hören, kann sich daraus ein selbstloses Streben nach Liebe und Gerechtigkeit entwickeln. Doch woher kommt unser Gewissen?

Die erwähnten Studien zeigen, dass unser Gewissen nicht anerzogen oder erlernt ist. Die Erziehung und das soziale Umfeld haben zwar Einfluss darauf. Doch die Gewissheit, dass Liebe und Gerechtigkeit gut sind, ist ursprünglich in uns verankert. Das verdeutlichen nicht nur die genannten Studien mit Kleinstkindern. Auch die erwähnten Hirnforschungen zeigen, dass das Gewissen ursprünglich in uns veranlagt ist.[39]

Doch wenn das Gewissen ursprünglich ist, dann müsste es von unserem Ursprung kommen. Was bedeutet das?

Entweder unser Ursprung liegt in der Natur, dann müsste das Gewissen durch Evolution entstanden sein. Oder unser Ursprung liegt in etwas Übernatürlichem, dann könnte das Gewissen von einem Gott kommen. Von einem Gott, der gut ist und der uns die Gewissheit verliehen hätte, dass Liebe und Gerechtigkeit gut sind.

Was die Gottes-Option betrifft, stehen wir vor einem Problem: Wenn es einen Gott gäbe, der gut ist, wie ließe sich dann das Leid in der Welt erklären? Die Lieblosigkeit und Ungerechtigkeit? Die Naturkatastrophen und Schicksalsschläge? Müsste ein guter Gott nicht eingreifen, für Liebe und Gerechtigkeit sorgen?

Das ist ein größeres Thema, mit dem wir uns gleich noch beschäftigen.[40] Zuvor betrachten wir die andere Option: die Evolution. Ist das Gewissen durch Evolution entstanden? Wenn ja, warum?

Lassen Sie uns eintauchen in die Entstehungsgeschichte des Menschen ...

Kapitel 3
Die Geschichte von der Entstehung des Menschen

Alles Evolution?

Kaum eine Theorie hat bislang größere Beachtung gefunden als die Evolutionstheorie, nicht nur in den Wissenschaften, sondern auch in der Gesellschaft.

Anhänger der Theorie betrachten sie als Grundlage zur Erklärung des Lebens.[1] Gegner der Theorie bezeichnen sie als nicht beweisbar oder falsch.[2]

Es soll hier nicht darum gehen, ob die Evolutionstheorie wahr ist oder nicht, sondern darum, ob sie begründen kann, warum es die menschlichen Wesenszüge gibt. Etwa den Hang zum Egoismus oder die Anlage zu einem Gewissen.

Betrachten wir die Theorie genauer. Welche Aussagen trifft sie? Und welche Erklärungskraft hat sie?

Die Evolutionstheorie im Überblick

Wissenschaftler sagen, dass das Universum knapp vierzehn Milliarden Jahre alt ist.[3] Dass die Erde knapp fünf Milliarden Jahre alt ist.[4] Und dass vor etwa vier Milliarden Jahren erstmals ein Lebewesen entstand – aus der unbelebten Materie des Universums.[5] Ob und wie das möglich war, ist wissenschaftlich noch ungeklärt – da bislang nicht nachweisbar ist, dass aus unbelebter Materie Leben entsteht.[6]

Wenn die Wissenschaft recht hat, geht alles Leben auf denselben Ursprung zurück: auf das erste Lebewesen vor etwa vier

Milliarden Jahren. Es wird auch als «Urform» oder «Urart» des Lebens bezeichnet.[7]

Die Frage ist: Wenn alles Leben denselben Ursprung hat, warum sind die heutigen Lebewesen dann unterschiedlich? Warum gibt es so viele Tier- und Pflanzenarten? Wie lässt sich die Artenvielfalt erklären?

Mit diesen Fragen befasst sich die Evolutionstheorie. Sie geht auf den britischen Naturforscher Charles Darwin zurück, wurde 1859 veröffentlicht und ist seitdem mehrfach erweitert worden.[8] Die Theorie soll erklären, wie die verschiedenen Tier- und Pflanzenarten entstanden sind – und warum die heutige Artenvielfalt existiert. Also auch, warum wir Menschen existieren.

Ausgangspunkt der Theorie ist die erwähnte Urart des Lebens. Wissenschaftler sagen: Die Urart ist nicht nur entstanden, sondern hat sich auch fortgepflanzt. Denn jedes Lebewesen ist sterblich. Wäre die Urart gestorben, ohne sich fortzupflanzen, würde es heute kein Leben geben.

Doch warum sind die jetzigen Lebewesen dann unterschiedlich? Laut der Evolutionstheorie gibt es zwei Gründe.

Erstens werden bei jeder Fortpflanzung die Gene neu kombiniert, zumindest bei der geschlechtlichen Fortpflanzung.[9] Das heißt, Nachkommen haben andere Genkombinationen als ihre Vorfahren. Daher sind Kinder auch nie identisch mit ihren Eltern.

Zweitens können die Gene mutieren, sich also verändern. Spontan oder durch externe Einflüsse, etwa durch Strahlenbelastung.

Die Unterschiede in den Genen führen zu Unterschieden zwischen den Lebewesen. Einerseits innerhalb der Arten: Kein Apfelbaum sieht aus wie der andere, und Menschen haben verschiedene Hautfarben. Andererseits über Arten hinweg, das heißt: Genveränderungen können so stark sein, dass neue Arten oder Gattungen[10] entstehen. So die Theorie.

Dass es Genveränderungen *innerhalb* der Arten gibt, ist wissenschaftlich bewiesen.[11] Ob es arten- und gattungs*übergreifende* Evolution gibt, ist bislang aber umstritten.[12]

Es gibt zwar Experimente, wonach sich der Körperbau von Insekten durch wenige Genmutationen verändert.[13] Dass die heutige Artenvielfalt auf vergleichbarem Wege entstand, ist naturwissenschaftlich aber nicht zu beweisen – und zwar deshalb, weil Phänomene nur dann beweisbar sind, wenn sie wiederholbar und dadurch nachprüfbar sind.[14]

Das Problem ist: Eine artenübergreifende Evolution ist nicht wiederholbar. Erstens, weil sie über einen extrem langen Zeitraum erfolgt: über mehrere Millionen Jahre. Zweitens, weil sie ein historisches Ereignis wäre – und historische Ereignisse sind nicht wiederholbar; sie sind einmalig.

Das heißt: Selbst wenn sich nachweisen ließe, dass eine arten- und gattungsübergreifende Evolution möglich ist, würde das nicht beweisen, dass sie tatsächlich stattgefunden hat. Stattdessen versuchen Wissenschaftler, sie durch Indizien zu belegen.

Indizien und Prinzipien der Evolution

Das Hauptindiz der Evolution sind Fossilienfunde ausgestorbener Tier- und Pflanzenarten, vor allem Skelette, organische Überreste und deren Versteinerungen.[15] Sie werden auf ihr Alter und ihre Ähnlichkeiten hin untersucht, um Rückschlüsse auf ihre Abstammung zu ziehen.[16] Ergebnis ist ein so genannter Stammbaum des Lebens.

Doch warum sind einige Arten ausgestorben und andere nicht? Und warum sind die jetzigen Arten so, wie sie sind? Laut der Evolutionstheorie gibt es zwei Gründe.

Erstens soll es Ereignisse gegeben haben, die das Aussterben oder Überleben von Arten begünstigt haben, etwa Seuchen, Naturkatastrophen oder Klimawandel.¹⁷ So wird vermutet, dass eine Naturkatastrophe zum Aussterben der Dinosaurier geführt hat, zumindest zum Aussterben der nicht-fliegenden Dinosaurier.[18]

Zweitens wird gesagt, dass die heutigen Arten überlebt haben, weil sie sich am besten auf die jeweiligen Umweltbedingungen eingestellt haben – dank genetischer Merkmale, die sie stark überlebensfähig machten. Ein Beispiel ist das Merkmal von Löwen, sehr kräftig zu sein, oder das Merkmal von Kakteen, wenig Wasser zu brauchen.

Allgemein formuliert: Eine Tier- oder Pflanzenart kann dann überleben, wenn sie Merkmale besitzt, die sie besonders durchsetzungsstark machen.[19] Und eine Art ist vom Aussterben bedroht, wenn sie Merkmale besitzt, die sie stark verwundbar machen. Denn der begrenzte Lebensraum führt zu einem «Selektionsdruck» unter den Arten. Und Arten, die dem Druck nicht standhalten, werden früher oder später «ausselektiert». Im Fachjargon wird das als «natürliche Selektion» bezeichnet – oder als «Survival of the Fittest».[20]

Laut der Evolutionstheorie ist der Mensch also ein Produkt des Survival of the Fittest, weil er einen mehrere Millionen Jahre langen Selektionsdruck überlebt hat. Als Spezies, die nur wenige Merkmale besitzt, die sie verwundbar machen, und viele Merkmale, die sie durchsetzungsstark machen. Das gilt für unsere körperlichen Merkmale – und für unsere Wesensmerkmale.

So weit die Theorie. Lassen Sie uns prüfen, ob sie realistisch ist. Kann das Survival of the Fittest nicht nur unsere körperlichen Merkmale, sondern auch unser Wesen erklären?

Die Evolution und das Wesen des Menschen

Unser Wesen ist unter anderem durch zwei Dinge geprägt: den Hang zum Egoismus und die Veranlagung zu einem Gewissen.

Das Gewissen verleiht uns die Gewissheit, dass Liebe und Gerechtigkeit gut sind. Wenn wir auf das Gewissen hören, kann sich daraus ein selbstloses Streben nach Liebe und Gerechtigkeit entwickeln. Wenn wir das Gewissen verdrängen, geht damit ein egoistisches Streben nach Eigennutz einher.

Kann die Evolutionstheorie diese Merkmale erklären?

Laut der Evolutionstheorie sind wir das Ergebnis eines Entwicklungsprozesses; eines Prozesses, der uns mehrere Millionen Jahre lang geprägt hat: durch Selektionsdruck und das Survival of the Fittest.

Evolutionstheoretiker sagen, dass wir diesen Prozess überlebt haben, weil wir uns besonders gut durchgesetzt haben; besser als die ausgestorbenen Arten – und notfalls auch auf Kosten anderer Arten. Merkmale wie Egoismus und Rücksichtslosigkeit könnten hierdurch erklärbar sein.

Doch was ist mit unserem Gewissen? Mit der Gewissheit, dass Liebe und Gerechtigkeit gut sind? Mit dem Streben nach Liebe und Gerechtigkeit? Sind sie durch Evolution erklärbar?

Keine Frage: Ein liebevolles und gerechtes Verhalten kann zu Vorteilen führen, die uns überlebensfähiger machen – und damit dem Survival of the Fittest dienen.

Laut der Evolutionstheorie ist das der Fall, wenn wir zu jemandem liebevoll sind, um zukünftig eine Gegenleistung zu erwarten («reziproker Altruismus»).[21] Wenn wir für etwas Geld spenden, um dadurch unseren Ruf zu verbessern («indirekt-reziproker Altruismus»).[22] Oder wenn wir engen Verwandten helfen, um den Zusammenhalt in der Familie zu stärken – und dadurch unsere Überlebenschancen zu erhöhen, oder die der genetischen Verwandtschaft («Verwandtenselektion»).

Laut der Evolutionstheorie helfen wir Verwandten nicht deshalb, weil wir sie lieben, sondern weil sie ähnliche Gene haben wie wir – und weil wir den Fortbestand dieser Gene sichern möchten.[23]

Diese und ähnliche Ansätze[24] haben gemein, dass sie Liebe und Gerechtigkeit als Mittel zum Zweck betrachten – nämlich zum Zweck, überlebensfähiger zu sein. Genau das ist das Prinzip des Survival of the Fittest.

Zeichnet die Evolutionstheorie in dieser Hinsicht ein realistisches Bild des menschlichen Wesens?

Die Aussagekraft der Evolutionstheorie

Liebe und Gerechtigkeit können tatsächlich Mittel zum Zweck sein – denn Menschen sind oft berechnend. Doch ist das schon alles? Beruht *jede* Form der menschlichen Liebe und Gerechtigkeit auf egoistischen Motiven?

Ist zum Beispiel die Liebe vieler Menschen zum eigenen Partner, zu Freunden oder zum nichtverwandten Adoptivkind ein egoistisches Mittel zum Zweck? Oder ist diese Liebe Sinn und Zweck in sich selbst?

Folgen so viele Menschen den Spendenaufrufen nur deshalb, weil es ihr Ansehen verbessert? Oder spüren sie, dass es gut und richtig ist, anderen zu helfen – auch ohne davon zu profitieren?

Interessant ist: Viele Menschen entwickeln nicht nur ein Streben, sondern eine regelrechte Sehnsucht nach Liebe und Gerechtigkeit. Diese Sehnsucht kann so stark sein, dass sie uns sogar verwundbar macht:

Es gibt Menschen, die sich für ihren Partner fast vollständig aufopfern – und die vor Liebeskummer gelähmt sind, wenn sie verlassen werden. Oder Menschen, die in Krisengebieten ihr Leben riskieren, um Personen aus Armut, Krieg und Unterdrückung zu befreien – *fremde* Personen, die nicht zu ihrer Verwandtschaft gehören. Versuche, dieses Verhalten durch einen «Arterhaltungstrieb» zu erklären, sind wissenschaftlich widerlegt.[25]

Die erwähnte Sehnsucht kann uns zutiefst verwundbar machen – so verwundbar, dass sie unser Wohlergehen und Überleben gefährdet.

Aus diesem Grund kann auch der so genannte «Spiegelneuronen-Ansatz» keinen Erklärungsbeitrag leisten. Er begründet Liebe und Gerechtigkeit dadurch, dass wir mithilfe von Empathie die Gefühle unserer Mitmenschen nachempfinden – basierend auf so genannten Spiegelneuronen im Gehirn. Doch auch empathische Liebe und Gerechtigkeit können zu einer starken Verwundbarkeit führen – und stehen damit im Widerspruch zum Survival of the Fittest.[26]

Was bedeutet das?

Die erwähnte Sehnsucht nach Liebe und Gerechtigkeit hat ihren Ausgangspunkt im menschlichen Gewissen – sprich: in der Gewissheit, dass Liebe und Gerechtigkeit gut sind. Doch wenn uns die Sehnsucht verwundbar macht, warum wurde sie dann nicht ausselektiert? Warum wurde unser *Gewissen* nicht ausselektiert? Warum ist das Gewissen überhaupt entstanden?

Für Liebe und Gerechtigkeit, die nur berechnend sind, wäre ein Gewissen nicht nötig gewesen – vor allem kein Gewissen, das uns verwundbar macht.

Noch eine Frage: Warum haben wir eine sensible, verletzliche Psyche? Hätten sich Lebewesen *ohne* verletzliche Psyche in der Evolution nicht besser behaupten müssen?

Wieso erkranken Menschen, wenn sie psychischen Stress erleiden? Warum weinen Menschen, wenn sie gerührt sind? Wie ist es möglich, dass manche Straftäter so sehr von ihrem Gewissen geplagt werden, dass sie sich freiwillig der Polizei stellen?

Noch deutlicher: Warum sind so viele Soldaten traumatisiert, wenn sie aus dem Krieg zurückkehren – oft bis ans Ende ihres Lebens? Wie ist das möglich, wenn Soldaten ein Produkt des Survival of the Fittest sind – und wenn das Prinzip uns mehrere Millionen Jahre lang geprägt hat?

Wie gesagt: Die Frage ist nicht, ob die Evolutionstheorie wahr ist oder nicht, sondern ob sie das menschliche Wesen erklären kann – nicht nur den Egoismus, sondern auch unser Gewissen, vor allem aber unsere Verletzlichkeit.

Ein Gewissen, das uns zu selbstloser Liebe und Gerechtigkeit führt, trägt jedenfalls nicht zum Survival of the Fittest bei. Und eine Psyche, die uns verwundbar macht, bewirkt sogar das Gegenteil: Ein psychisches Trauma kann im schlimmsten Fall zu Depressionen führen – und uns arbeits- oder gar lebensunfähig machen.

Es stellt sich nicht nur die Frage, woher die Psyche und das Gewissen kommen, sondern auch, warum sie im Laufe der Evolution nicht ausselektiert wurden. Vor allem, wenn man bedenkt, dass Psyche und Gewissen zentrale Wesensmerkmale von uns sind. Merkmale, die in hohem Maße unser Verhalten beeinflussen – und damit unsere Überlebensfähigkeit.

Was die Evolutionstheorie betrifft, kann man verschiedener Meinung sein. Nüchtern betrachtet sollten wir aber auch die folgende Option nicht ausschließen: die Option, dass es auch etwas Übernatürliches gibt. Dass es einen Gott gibt, der gut ist. Einen Gott, der uns nicht nur mit einer Psyche oder Seele ausgestattet hätte, sondern auch mit einem Gewissen.

Der Glaube an einen guten Gott brächte aber andere Probleme mit sich, etwa die Frage, wie dieser Glaube mit dem Leid vereinbar ist. Dazu kommen wir noch.[27] Zuvor die folgende Frage:

Nehmen wir an, es gäbe einen Gott. Wäre er mit der Evolution vereinbar?

Die Evolution und der Glaube an Gott

Ob der Gottes-Glaube mit der Evolution vereinbar ist, wird oft diskutiert, vor allem zwischen Theisten und Atheisten. Was sagt die Evolutionstheorie dazu?

Die Evolutionstheorie ist eine naturwissenschaftliche Theorie. Das heißt, sie versucht, die natürliche Welt zu erklären. Ob es darüber hinaus etwas Übernatürliches gibt, kann die Theorie nicht beantworten.

Sie kann zum Beispiel nicht ausschließen, dass bestimmte Evolutionsprozesse durch einen Gott verursacht wurden – oder von ihm in anderer Weise beeinflusst wurden. Denn wie ließe sich das Gegenteil beweisen? Wenn ein Gott vor Millionen von Jahren in die Evolutionsgeschichte eingegriffen hätte, wäre das im Nachhinein nicht prüfbar. Es wäre weder nachweisbar noch widerlegbar.

Ein Evolutionstheoretiker, der nicht kategorisch ausschließt, dass ein Gott existiert, könnte also durchaus an Gott glauben.

Wie sieht es umgekehrt aus? Muss man als gläubiger Mensch die Evolutionstheorie ablehnen?

Das kommt darauf an, welchen Gottes-Glauben man vertritt. Es gibt zwei Sichtweisen: den «Kreationismus»[28] und die «theistische Evolution». Wobei es im Kreationismus zwei Unterarten gibt: den «klassischen Kreationismus» und den «Lücken-Kreationismus».

Anhänger des *klassischen Kreationismus* sagen, dass die verschiedenen Tier- und Pflanzenarten nicht durch Evolution entstanden sind, sondern direkt von einem Gott erschaffen wurden.[29] Je nach Glaubensrichtung wird meist angenommen, dass die jeweilige Schöpfungsgeschichte wörtlich gemeint ist.

Folglich widerspricht der klassische Kreationismus den aktuellen naturwissenschaftlichen Erkenntnissen über das Alter des Universums, das Alter der Erde und das Alter der Fossilienfunde.[30] Das heißt, der klassische Kreationismus und die Evolutionstheorie sind nicht miteinander vereinbar.

Auch Vertreter des *Lücken-Kreationismus* sagen, dass die Tier- und Pflanzenarten unmittelbare Kreationen eines Gottes sind.

Im Gegensatz zu klassischen Kreationisten glauben sie aber, dass es in der Schöpfungsgeschichte eine nicht erwähnte Zeitlücke gibt.[31]

So wird vermutet, dass ein Gott zunächst das Universum erschuf («Am Anfang schuf Gott Himmel und Erde»[32]) und dass sich das Universum anschließend mehrere Milliarden Jahre lang entwickelt hat – ohne dass in der Schöpfungsgeschichte davon berichtet wird. In dieser Zeitlücke könnte es zum Beispiel auch Evolution gegeben haben. Hierdurch ließen sich die heutigen Fossilienfunde erklären.

Erst vor wenigen tausend oder zehntausend Jahren könnte es auf der womöglich durch eine Naturkatastrophe verwüsteten Erde («und die Erde war wüst und leer»[33]) zur göttlichen Erschaffung der heutigen Tier- und Pflanzenarten gekommen sein.

Der Lücken-Kreationismus wäre demnach mit beidem vereinbar: mit einem wörtlichen Verständnis der Schöpfungsgeschichte und mit den aktuellen naturwissenschaftlichen Erkenntnissen über das Alter des Universums, das Alter der Erde und das Alter der Fossilienfunde – jedoch nicht mit der Annahme, dass die heutigen Tier- und Pflanzenarten durch Evolution entstanden sind.

Anhänger der *theistischen Evolution* sagen, dass die Schöpfungsgeschichte nicht wörtlich, sondern symbolisch zu verstehen ist. So wird vermutet, dass die heutigen Tier- und Pflanzenarten durch Evolution entstanden sind, dass ein Gott die Evolution aber gelenkt oder anderweitig beeinflusst hat.[34]

Mit einer Evolutionstheorie, die nicht ausschließt, dass ein Gott existiert, wäre die theistische Evolution also vereinbar, genau wie mit den aktuellen naturwissenschaftlichen Erkenntnissen über das Alter des Universums, das Alter der Erde und das Alter der Fossilienfunde.

Ob Evolution und Gottes-Glaube vereinbar sind, hängt letztlich also davon ab, ob man Anhänger des klassischen Kreationismus, des Lücken-Kreationismus oder der theistischen Evolution ist. In fast allen Glaubensrichtungen gibt es Vertreter aller drei Positionen.[35]

Zurück zum Ausgangspunkt: Zwei Erkenntnisse sind interessant. Erstens: Psyche und Gewissen scheinen durch das Survival of the Fittest nicht erklärbar zu sein – weil sie Verhaltensweisen bewirken, die uns stark verwundbar machen. Zweitens: Gottes-Glaube und Evolution scheinen sich nicht zwangsläufig zu widersprechen.

Umso mehr liegt es nahe, die Gottes-Option nicht auszuschließen; sprich die Option, dass unser Gewissen von einem Gott kommt. Von einem Gott, der liebevoll und gerecht ist.

Doch gibt es Glaubensrichtungen, die annehmen, dass solch ein Gott existiert?

Verschiedene Glaubensrichtungen

Oft heißt es: Wozu die Streitigkeiten zwischen den Glaubensrichtungen? Glauben nicht alle an denselben Gott?

Der Einwand ist naheliegend: Viele Gläubige besuchen ein Gotteshaus – sei es eine Kirche, Synagoge oder Moschee. Viele Gläubige beten oder lesen in einer «Heiligen Schrift». Und viele Gläubige hoffen auf ein Paradies – oder haben Angst vor einer Hölle.

Doch wenn man die Glaubensrichtungen näher betrachtet, sieht man zentrale Unterschiede, vor allem in Bezug auf das Gottesbild.

Lassen Sie uns dem auf den Grund gehen. Welche Aussagen treffen die verschiedenen Glaubensrichtungen? Und welche Gottesbilder haben sie?

Der *buddhistische* Glaube ist atheistisch. Er sagt, dass ein Gott nicht existiert, vor allem kein persönlicher Gott. Warum wir Menschen eine Persönlichkeit haben, wird im Buddhismus nicht beantwortet, ähnlich wie die Frage, warum wir ein Gewissen und eine Psyche haben. Der Buddhismus erhebt nicht den Anspruch, das menschliche Wesen zu erklären – oder den Ursprung unserer Welt. Stattdessen trifft er spirituell-philosophische Aussagen.[36]

Er sagt, dass das Leben einem Kreislauf folgt, und zwar aus Tod und Wiedergeburt. Das heißt, wenn ein Wesen stirbt, wird ein anderes Wesen wiedergeboren. Je nach Lebensführung entweder als Mensch, Tier oder Geist, auf der Erde, im Himmel oder in der Hölle.[37] Wobei es im Buddhismus keine unsterbliche Seele gibt. Das heißt, wenn man stirbt, verliert man seine Identität. Stattdessen wird nach dem Tod allein das «Karma» wiedergeboren – die aus den Gedanken und Handlungen resultierenden Prägungen. Diese wirken als unpersönliche Impulse auf das wiedergeborene Wesen ein.[38]

Ferner gibt es im Buddhismus die «Vier Edlen Wahrheiten». Sie lauten erstens: Alles Leben ist von Leid geprägt. Zweitens: Alles Leid entsteht durch Begehren, das heißt durch Festhalten an vergänglichen Dingen. Drittens: Wenn wir das Begehren beenden, beenden wir auch das Leid. Viertens: Um das Begehren zu beenden, müssen wir dem «Edlen Achtfachen Pfad» folgen.[39]

Dieser Pfad umfasst verschiedene Anleitungen, etwa für Meditation und Selbstkontrolle oder für Moral und Weisheit.[40] Ziel ist es, diese Dinge in Vollkommenheit zu leben.[41] Da aber kein Mensch vollkommen ist, stellt sich die Frage, ob der Edle Achtfache Pfad erfüllbar ist – ob seine Forderungen realistisch sind.

Wenn man den Pfad erfüllt, erreicht man laut dem Buddhismus das «Nirwana», das heißt: das Erlöstsein vom Kreislauf aus Tod und Wiedergeburt; das Erlöstsein vom Karma – verbunden mit dem Zustand der Erleuchtung.[42] Laut eigener Aussage war es vor allem der indische Lehrer Buddha, der diesen Zustand erreichte.[43]

Ähnlichkeiten zum Buddhismus weist der *hinduistische* Glaube auf. Wobei es im Hinduismus verschiedene Strömungen gibt, die sich nur teilweise überschneiden. Gemeinsam sind sie der Ansicht, dass das Leben einem Kreislauf folgt: aus Tod und Wiedergeburt.[44]

Anders als im Buddhismus wird geglaubt, dass jedes Wesen eine ewige Seele hat.[45] Laut dem Hinduismus ist diese Seele aber nicht persönlich, sondern Teil einer unpersönlichen Weltseele, einer Art kosmischen Bewusstseins.[46]

Die unpersönliche Weltseele gilt als Ursprung allen Seins – und damit als Ursprung von uns Menschen. Fraglich ist, wie aus einer unpersönlichen Weltseele menschliche Wesen entstanden sind, die eine Persönlichkeit haben – und die die Gewissheit haben, dass Liebe und Gerechtigkeit gut sind.

Im Hinduismus wird zwar angenommen, dass es Götter mit persönlichen Eigenschaften gibt, vor allem «Brahma», «Wischnu» und «Schiwa». Diese gelten aber nicht als liebevoll und gerecht, sondern als Einheit oder Kombination schöpferischer, erhaltender und zerstörerischer Kräfte.[47]

Auch im Hinduismus wird das Ziel verfolgt, dem Kreislauf aus Tod und Wiedergeburt zu entkommen – verbunden mit der Erlösung vom Karma. Dazu sind mindestens drei Schritte nötig: erstens die liebende Verehrung eines Gottes, zweitens das Handeln aus Selbstlosigkeit, drittens das Erlangen vollkommener Erkenntnis.[48]

Da aber kein Mensch vollkommen ist, stellt sich die Frage, ob diese Dinge erreichbar sind, das heißt: ob wir uns aus eigener Kraft erlösen können. Manche Strömungen im Hinduismus sagen, dass es zusätzlich der Gnade eines Gottes bedarf.[49]

Der *deistische* Glaube sagt, dass die Welt auf keine Weltseele, sondern auf einen Gott zurückgeht, vielleicht auf einen persönlichen Gott. Hierdurch wäre erklärbar, warum wir Menschen eine Persönlichkeit haben.

Im Gegensatz zu anderen Glaubensrichtungen beruft sich der Deismus nicht auf Offenbarungen und Überlieferungen, sondern ausschließlich auf den Verstand. Das heißt, er versucht, Gott durch logisches Argumentieren zu begründen.[50]

Deisten glauben daher meist nicht an eine Wiedergeburt, weil sie keine prüfbaren Belege dafür finden. Stattdessen sehen sie, dass in der Welt viel Leid existiert – trotz des vermuteten Gottes. Daraus schließen sie, dass Gott nicht liebevoll und gerecht sein kann, weil er sonst eingreifen und das Leid beenden würde.

Viele Deisten vergleichen Gott mit einem Uhrmacher. Dieser baut eine Uhr, setzt sie in Gang und überlässt sie anschließend sich selbst – ähnlich wie der deistische Gott; nur dass er keine Uhr, sondern die Welt erschaffen hat.

Mit diesem Gottesbild kann der Deismus zwar das Leid erklären, aber nicht, warum wir Menschen ein Gewissen haben, sprich: die ursprüngliche Gewissheit, dass Liebe und Gerechtigkeit gut sind. Denn ein Gott, der trotz des Leids in der Welt nicht eingreift, wäre nicht gut, sondern gleichgültig.

In dieser Hinsicht unterscheidet sich der deistische Glaube von den «abrahamitischen» Religionen – also von jenen Glaubensrichtungen, die sich auf einen gewissen Abraham beziehen, der als Begründer Israels gilt. Dazu zählen der islamische, der jüdische und der christliche Glaube.[51]

Sie nehmen an, dass ein Gott das Universum erschuf, dass er aber früher oder später in das Weltgeschehen eingreifen wird – und dass er für Gerechtigkeit sorgen wird.

Dennoch gibt es zentrale Unterschiede zwischen Islam, Judentum und Christentum, vor allem in Bezug auf ihr Gottesbild.

Der *islamische* Glaube sagt, dass Gott gerecht ist. Dies äußert sich darin, dass er uns für gute Taten gerecht belohnt: mit dem Paradies; und dass er uns für schlechte Taten gerecht bestraft: mit der Hölle.[52] Als schlechteste Tat gilt es, nicht an den Gott des Islams zu glauben, der auf Arabisch «Allah» heißt.[53] Diese Tat kann laut dem Islam nicht vergeben werden.[54]

Um ins Paradies zu kommen, muss man vor allem fünf Pflichten erfüllen.[55] Sie bilden die Hauptsäulen des Islams:

Erstens das Bekenntnis, dass es keinen Gott gibt außer Allah und dass die Person Mohammed sein gesandter Prophet ist.

Zweitens fünf Pflichtgebete pro Tag auf Arabisch, idealerweise in einer Moschee, eingeleitet durch einen Gebetsruf und eine rituelle Waschung.

Drittens eine Pflichtsteuer zur Unterstützung von Bedürftigen, meist zwischen zwei und zehn Prozent des Einkommens oder Vermögens.

Viertens ein jährliches Pflichtfasten im Monat Ramadan. Dabei soll tagsüber, zwischen Sonnenaufgang und Sonnenuntergang, nicht gegessen, getrunken oder geraucht sowie anderweitig Enthaltsamkeit geübt werden.

Fünftens, falls finanziell und gesundheitlich möglich, mindestens eine Pflichtpilgerfahrt im Laufe des Lebens nach Mekka. Hauptbestandteil ist das siebenmalige Umkreisen des Gebäudes «Kaaba», bei dem am Ende jeder Umkreisung ein bestimmtes Gebet zu sprechen ist.

Durch das Befolgen dieser Pflichten kann man laut dem Islam ins Paradies kommen, wobei die Entscheidung darüber letztlich bei Gott liegt. Zumal sich kein Mensch sicher sein kann, dauerhaft alle Pflichten zu erfüllen.

Insgesamt ist der Islam stark regelbasiert, geprägt durch ein Streben nach Gehorsam und Gerechtigkeit.

Gott wird im Islam zwar auch als gnädig und barmherzig dargestellt,[56] doch sein zentrales Merkmal ist seine Gerechtigkeit, die sich durch gerechte Belohnung und gerechte Bestrafung äußert.[57]

Warum wir Menschen spüren, dass nicht nur Gerechtigkeit, sondern auch Liebe gut ist – vor allem selbstlose Liebe –, wird im Islam nicht erklärt.

Auch im *jüdischen* Glauben wird betont, dass Gott gerecht ist; und dass er unsere Taten gerecht belohnen oder bestrafen wird. Im Gegensatz zum Islam gibt es aber keine fünf Säulen, sondern 613 «Mitzwot». Das sind 248 Gebote und 365 Verbote, die von jedem Juden einzuhalten sind.[58] Juden, die besonders stark darauf achten, werden als «orthodox»[59] bezeichnet.

Laut dem jüdischen Glauben wird Gott die Einhaltung dieser Ge- und Verbote gerecht belohnen. So erwarten Juden, dass Gott einen «Messias»[60] auf die Erde sendet, der das jüdische Volk vereint und ihm ein Leben in Frieden ermöglicht.[61] Juden betrachten sich daher auch als auserwähltes Volk Gottes.[62]

Das heißt: Juden hoffen, dass Gott bereits auf Erden für Gerechtigkeit sorgt. Gleichzeitig glauben sie an ein ewiges Leben nach dem Tod. Manche Strömungen sagen, dass auch Nicht-Juden am ewigen Leben teilhaben können, zumindest wenn sie die sieben «Noachidischen Gebote» befolgen.[63] Diese lauten vereinfacht formuliert:

Wahrung des Rechtsprinzips, keine Gotteslästerung, keine Götzenanbetung, kein Mord, kein Diebstahl, kein Ehebruch und keine Tierquälerei. Menschen, die diese Gebote nicht einhalten, werden im Anschluss an den Tod verdammt.[64]

Gott wird im jüdischen Glauben auch als vergebend und barmherzig dargestellt,[65] oft auch als liebevoll,[66] doch betont wird seine Gerechtigkeit.

Im *christlichen* Glauben wird gesagt, dass Gott nicht nur gerecht, sondern auch liebevoll ist – und zwar in vollkommener

Form. Das heißt: dass er der Inbegriff von Liebe und Gerechtigkeit ist.[67] Liebe ist hier im Sinne von Agape gemeint – im Sinne der höchsten, selbstlosen Liebe, die bereit ist, sich aufzuopfern.[68]

Christen glauben, dass Gott das ewige Leben nicht nur auserwählten Menschen gibt – oder Menschen, die seinen Regeln gehorchen. Sondern potenziell allen Menschen.[69] Kennzeichen des ewigen Lebens soll ein Zustand vollkommener Liebe und Gerechtigkeit sein.[70]

Gleichzeitig herrscht im christlichen Glauben die Einsicht, dass wir Menschen uns immer wieder lieblos oder ungerecht verhalten – und dass ein Zustand ewiger Liebe und Gerechtigkeit daher nicht realisierbar ist. Mehr noch: dass wir Menschen es eigentlich nicht verdienen, ins Paradies zu kommen.[71]

Laut dem christlichen Glauben gibt es daher ein Problem: Einerseits möchte Gott aufgrund seiner Liebe allen Menschen vergeben und ihnen das ewige Leben schenken. Dafür müsste er uns aber so verändern, dass wir im Paradies dauerhaft liebevoll und gerecht sein können.[72]

Andererseits muss Gott aufgrund seiner Gerechtigkeit alle Menschen zur Rechenschaft ziehen und sie für ihre Lieblosigkeiten und Ungerechtigkeiten bestrafen. Alles andere wäre ungerecht, vor allem gegenüber den Opfern des von uns verursachten Leids.[73]

Doch wie soll beides vereinbar sein: liebevolle Vergebung und gerechte Bestrafung?

Laut dem christlichen Glauben kann Gott die Lieblosigkeiten und Ungerechtigkeiten von uns Menschen gleichzeitig vergeben und bestrafen – auf eine Weise, die wir unbeschadet überstehen können und die uns die Möglichkeit gibt, ein ewiges Leben in Liebe und Gerechtigkeit zu führen.[74] Dazu gleich mehr.

Auch im christlichen Glauben gibt es verschiedene Regeln, etwa die «Zehn Gebote».[75] Deren Einhaltung ist aber keine Voraussetzung für das ewige Leben. Im christlichen Glauben geht es nicht darum, Regeln zu befolgen, um ins Paradies zu kommen, etwa aus Angst vor der Hölle.[76]

Stattdessen glauben Christen, dass das ewige Leben ein göttliches Geschenk ist. Ein Geschenk, das uns so dankbar machen kann, dass wir freiwillig versuchen, ein gutes Leben zu führen.[77] Weil wir spüren, dass es gut ist, sich liebevoll und gerecht zu verhalten – basierend auf unserem Gewissen.[78]

Die Suche geht weiter

Man kann von den Glaubensrichtungen halten, was man will. Vielleicht ist auch keine von ihnen wahr. Zumindest aber kann man Folgendes sagen:

Der christliche Glaube scheint jene Glaubensrichtung zu sein, die davon ausgeht, dass der Ursprung des Lebens in einem Wesen vollkommener Liebe und Gerechtigkeit liegt. Falls dem so wäre, ließe sich vielleicht erklären, warum wir Menschen die ursprüngliche Gewissheit haben, dass Liebe und Gerechtigkeit gut sind. So gut, dass wir uns sogar dafür verwundbar machen.

Die einzelnen Glaubensrichtungen werden uns auch weiterhin beschäftigen. Denn es scheint Dinge zu geben, die durch Atome und Evolution nicht vollständig erklärbar sind – sei es unser Gewissen, das uns sagt, dass selbstlose Liebe und Gerechtigkeit gut sind, oder unsere Psyche, die uns verwundbar und verletzlich macht.

Wenn wir nach Antworten auf die großen Lebensfragen suchen, können wir das nicht ausblenden. Wir können nicht nach Sinn, Glück oder Erfüllung suchen, ohne zu wissen, wer wir sind – und vor allem, warum wir so sind. Ohne zu verstehen, wo der Ursprung unseres Wesens liegt.

Nehmen wir an, unser Ursprung läge tatsächlich in einem

Wesen, das vollkommen liebevoll und gerecht ist, sprich: in einem Gott, wie ihn der christliche Glaube beschreibt. Ob mit oder ohne Evolution, sei dahingestellt.

Was würde das bedeuten? Und welchen Einfluss hätte es auf die großen Lebensfragen?

Ist es überhaupt sinnvoll, so etwas zu glauben? Steht der Glaube an einen guten Gott nicht im Widerspruch zum vielen Leid in der Welt?

Kapitel 4

Der Mensch und das Leid in der Welt

Wozu das Ganze?

Es wirkt absurd, an einen guten Gott zu glauben – zumindest wenn man das Leid in der Welt sieht.

Täglich sterben Kinder an Hungersnot. Menschen bringen sich gegenseitig um. Es gibt Kriege und Völkermorde, Ausbeutung und Menschenhandel, Amokläufe und Terroranschläge, Erdbeben und Vulkanausbrüche, Krankheiten und Katastrophen.

Müsste ein guter Gott nicht eingreifen, wenn es ihn gäbe? Dem Leid ein Ende bereiten? Für Liebe und Gerechtigkeit sorgen?

Wenn ein Gott nicht existiert, gäbe es kein Erklärungsproblem; ebenso wenig, wenn er gut und böse zugleich wäre. Dazu kommen wir noch.

Man könnte sogar glauben, dass Gott gerecht ist, wie im Islam und Judentum. Weil sich argumentieren ließe, dass Gott erst im Anschluss an den Tod für Gerechtigkeit sorgt: durch gerechte Belohnung oder Bestrafung, durch Paradies oder Hölle.

Schwierig wird es, wenn man an einen Gott glaubt, der nicht nur gerecht, sondern auch liebevoll ist; vor allem wenn man glaubt, dass seine Liebe vollkommen ist – wie im christlichen Glauben. Warum sollte dieser Gott es zulassen, dass seine Geschöpfe leiden?

Die Frage, ob man trotz des Leids in der Welt an einen guten Gott glauben kann, wird als «Theodizee-Frage»[1] bezeichnet. Eine Frage, mit der sich Philosophen seit Jahrtausenden beschäftigen – und die vor allem ein Problem des christlichen Glaubens ist.[2]

Lassen Sie uns der Frage auf den Grund gehen und dabei prüfen, ob es plausible Antworten gibt – auch, welche Antworten der christliche Glaube liefert.

Über Leid und Mitleid

Nehmen wir an, es gäbe einen Gott, der gut ist; der vollkommen liebevoll und gerecht ist. Welche Einstellung hätte er zum Thema Leid?

Wäre Leid ein von Gott gewollter Normalzustand? Ein Zustand, der erforderlich ist, damit wir die schönen Seiten des Lebens zu schätzen wissen? Oder wäre Leid bedauernswert und grausam? Schlecht und verwerflich?

Wären die Krankheiten und Katastrophen in der Welt persönliche Strafen Gottes – und damit der Wille Gottes? Oder wären sie Ausdruck einer grundsätzlichen Zerbrochenheit der Welt? Einer Zerbrochenheit, die es zu heilen gilt?

Letzteres vermutlich, zumindest wenn Gott gut wäre. Entspricht das den Ansichten des christlichen Glaubens?

Folgende Zitate aus der Bibel:

Wo Recht gesprochen und für Gerechtigkeit gesorgt werden sollte, da herrscht schreiendes Unrecht. […]
Ich habe auch gesehen, wie viel Ausbeutung es in dieser Welt gibt.
Prediger 3,16 und 4,1[3]

«Ich bin ein Gott voll Liebe und Erbarmen. […]
Ich will euer Glück und nicht euer Unglück.»
2. Mose 34,6 und Jeremia 29,11

> [Gott hatte] Mitleid mit den Menschen in ihrem Elend [...]
> *1. Chronik 21,15*[4]

Ob die Bibel wahr ist, sei zunächst dahingestellt. In jedem Falle zeigt sie, was Christen glauben: dass das Leid in der Welt schlecht ist, dass es nicht der Wille Gottes ist[5] und dass der christliche Gott sogar Mitleid mit uns hat.

Doch wenn er angeblich Mitleid mit uns hat, warum hilft er uns dann nicht? Wieso greift er nicht ein und verhindert das Leid? Warum sollte er überhaupt eine Welt erschaffen, die Leid enthält?

Allgemeiner: Ist der Glaube an einen liebevollen Gott mit dem Leid vereinbar?

Über Leid und Liebe

Nehmen wir an, es gäbe einen Gott, der liebevoll ist – so liebevoll, dass er alle Menschen lieben würde. Was würde das bedeuten?

Vermutlich hätte dieser Gott den Wunsch, dass wir ihn ebenfalls lieben. Genau das macht lebendige Liebe ja aus: dass sie erwidert wird.

Wir können jemanden lieben, ohne zurückgeliebt zu werden. Doch wirklich ausleben können wir die Liebe erst dann, wenn sie erwidert wird. Wir haben die Sehnsucht, dass unsere Liebe auf Gegenliebe stößt.

Entscheidend ist: Solche Gegenliebe ist nicht erzwingbar. Sie beruht auf Freiwilligkeit. Man kann nicht gezwungen werden, jemanden zu lieben. Liebe muss sich entfalten, sie benötigt Freiraum. Man muss sich für oder gegen sie entscheiden. Sonst wäre es keine Liebe, sondern Zwang.

Was bedeutet das für die Gottes-Frage?

Wenn es einen Gott gäbe, der uns liebt, und wenn er den Wunsch hätte, dass wir ihn ebenfalls lieben, dann müsste er uns die Freiheit geben, dass wir uns für oder gegen ihn entscheiden. Allgemeiner: dass wir uns für oder gegen die Liebe entscheiden.

Entsprechend wird im christlichen Glauben angenommen, dass wir Menschen einen Willen haben.[6]

> Sie haben sich freiwillig dazu entschlossen [...]
> *Römer 15,27*

> Du sollst die gute Tat ja nicht unter Zwang, sondern aus freiem Willen tun!
> *Philemon 14*

Das heißt: Wir hätten die Freiheit, uns nicht nur für, sondern auch gegen das Gute zu entscheiden. Und wie sich zeigt, entscheiden wir Menschen uns oft gegen das Gute: indem wir lügen oder betrügen, indem wir lästern oder Intrigen spinnen, indem wir Streitigkeiten und Kriege anzetteln – und damit anderen Menschen Leid antun.

Zumindest das menschengemachte Leid wäre auf diese Weise erklärbar: indem wir die von Gott gegebene Freiheit benutzen, um unsere eigenen Interessen durchzusetzen – notfalls auf Kosten anderer Menschen.

Das beträfe nicht nur das direkt von uns verursachte Leid, sei es durch Mobbing, Hass oder Gewalt, sondern auch das indirekt verursachte Leid: Naturkatastrophen, die zum Teil von der Umweltzerstörung kommen,[7] Wirtschafts- und Finanzkrisen, die mit der Gier mancher Manager einhergehen, Armut in den Entwicklungsländern, die durch Ausbeutung und Korruption entsteht.

Entscheidend ist: Um das menschengemachte Leid zu verhindern, müsste ein Gott uns letztlich unsere Freiheit entziehen.

Denn nur, wenn wir keine Freiheit besäßen, könnte er unser Verhalten so steuern, dass wir damit keinerlei Schaden anrichten. Das heißt, wir wären Marionetten Gottes.

Genau das stünde aber im Widerspruch zu einem Gott, der liebevoll ist. Denn echte Liebe setzt ja gerade Freiheit voraus. Und echte Freiheit bedeutet, dass wir die Möglichkeit haben, uns auch gegen das Gute zu entscheiden.

Doch ist das so einfach? Einige Gegenargumente:

Gegenargument 1: *Wenn es einen liebevollen Gott gäbe, hätte er uns in seiner Allmacht so erschaffen, dass wir uns immer für das Gute entscheiden.*

Das klingt plausibel. Wir sollten aber bedenken, was das bedeutet. Wir wären Wesen, die programmiert sind zu lieben. Roboter, die nicht anders können, als ihren Schöpfer zu lieben.

Wäre das der Wunsch eines liebevollen Gottes? Vermutlich nicht.

Liebe gewinnt ihren Wert vor allem dadurch, dass wir uns für oder gegen sie entscheiden. Dass wir sie annehmen oder ablehnen – aus freien Stücken.

Das heißt: Wenn es einen Gott gäbe, der liebevoll ist, müsste er uns die Freiheit geben, eigene Entscheidungen zu treffen: für oder gegen die Liebe, für oder gegen das Gute; mit allen Konsequenzen – und Leid als unvermeidbarem Übel.

Letztlich gäbe es nur drei Szenarien. Erstens: Gott schenkt uns Entscheidungsfreiheit. Dann kommt es zu Leid in der Welt. Zweitens: Gott entzieht uns die Freiheit. Dann wären wir Marionetten – und Liebe wäre unmöglich. Drittens: Gott verzichtet darauf, Menschen zu erschaffen.

Das führt uns zum nächsten Argument.

Gegenargument 2: *Wenn es einen liebevollen Gott gäbe, hätte er uns gar nicht erst erschaffen. Denn er hätte gewusst, dass wir uns immer wieder gegen das Gute entscheiden.*

Es stimmt, wir entscheiden uns immer wieder gegen das Gute – der eine mehr, der andere weniger. Doch gleichzeitig tun wir Menschen auch viel Gutes: Es gibt Hilfsorganisationen und Krankenhäuser, Umwelt- und Tierschutzvereine, Menschen, die einander helfen, und Menschen, die einander lieben.

Die Frage ist: Sind die guten Dinge so gut, dass sie die schlechten Dinge erträglich machen? Sind die schönen Momente so schön, dass sie die traurigen Momente ganz aufwiegen? Wäre es letztlich also gut, dass wir Menschen existieren?

Das kommt darauf an, wen wir fragen. Ein Mensch, der den Holocaust erlebt hat, wird das anders sehen als ein Mensch, der behütet aufgewachsen ist. Ein Mensch, der sein Kind verloren hat, wird das anders sehen als ein glücklicher Familienvater.

Die Frage wäre, wie ein liebevoller Gott das sähe – und aus welcher Perspektive er das sähe. Vermutlich vom Ende her. Was bedeutet das?

Jeder kennt Filme, die erschütternd sind. Filme, in denen Leid geschieht. Erstaunlich ist: Wenn ein Film ein positives Ende nimmt, wenn das Böse besiegt wird, dann kann das sehr heilsam sein. Das geschehene Leid kann verblassen – oder zumindest die lähmende Kraft verlieren.

Falls die Menschheitsgeschichte ein Film wäre, wie sähe das Ende aus? Würde sich die Welt zum Guten wenden, das Böse besiegt werden, das Leid verblassen?

Wenn es einen Gott gäbe, der liebevoll ist, wäre das Ende wohl positiv. Vielleicht gäbe es ein Paradies, in dem völlige Liebe herrscht – und keinerlei Leid. Oder einen Himmel, in dem die Menschen glücklich sind – auch jene Menschen, die auf der Erde schwer leiden mussten.

Ist das realistisch?

Folgendes Problem: Wenn es ein Paradies voller Liebe gäbe, müsste dort Freiheit herrschen. Denn Liebe setzt Freiheit ja gerade voraus. Doch wie sollte ein Paradies möglich sein, wenn wir Menschen freie Entscheidungen treffen? Würden wir die Freiheit nicht wieder nutzen, um uns irgendwann gegen das Gute zu entscheiden – und dadurch das Paradies zu zerstören? Wie sollte es möglich sein, dass die Menschheitsgeschichte positiv ausgeht?

Vermutlich gäbe es nur eine Lösung: Wir müssten uns verändern, und zwar so, dass wir uns immer für das Gute entscheiden – trotz unserer Freiheit. Das heißt: Wir müssten unsere Freiheit behalten und gleichzeitig unseren Egoismus ablegen – damit wir uns aus freien Stücken für das Gute entscheiden, dauerhaft. Nur dann wäre ein Paradies möglich; ein Zustand ohne Leid.

Menschen, die sich immer für das Gute entscheiden? Die keine Fehler machen und vollkommen sind? Ich denke, dass das unmöglich wäre – und dass wir es aus eigener Kraft nicht hinbekämen. Weil es der menschlichen Natur widerspricht.

Wenn, dann müsste schon ein Wunder geschehen: Gott selbst müsste uns verändern – falls es ihn gibt. Das müsste aber freiwillig geschehen. Wir müssten die Freiheit haben, uns für oder gegen die Veränderung zu entscheiden, sie zuzulassen oder abzulehnen – sonst wäre sie erzwungen.

Das heißt: Die aktuelle Welt könnte sogar die «beste aller möglichen Welten» sein, wie es der Philosoph Gottfried Wilhelm Leibniz formuliert hat[8] und dafür scharf kritisiert wurde.[9] Denn unsere Welt wäre eine vorübergehende Notwendigkeit auf dem Weg zum Paradies. Weil wir im Hier und Jetzt die Möglichkeit hätten, uns für oder gegen das Paradies zu entscheiden.

Das Argument könnte stimmig sein. Doch entspricht es der Realität? Oder ist der Glaube an ein Paradies nur «Opium des Volkes», wie es der Kommunist Karl Marx formuliert hat?[10]

Wir werden das prüfen. Zunächst zum dritten Argument.

Gegenargument 3: *Wenn es einen liebevollen Gott gäbe, müsste er uns helfen, wenn wir ihn bitten. Denn Hilfsbereitschaft ist ein Ausdruck von Liebe.*

Stimmt, wenn ein Gott uns nicht helfen würde, wäre er lieblos. Die Frage ist: Hilft er uns nicht? Oder merken wir es nicht?

Manche sagen, dass ihre Gebete erhört wurden – und berichten von Wundern oder Fügungen. Ist das gelogen oder wahr? Zufall oder Gott? Wäre das Gleiche auch ohne Gebet passiert?

Was ist mit den nicht erhörten Gebeten? Mit Gläubigen, die an Krebs sterben, tödlich verunglücken oder ihr Kind verlieren? Beten sie zum falschen Gott? Oder hört Gott sie nicht? Oder hilft er ihnen nicht?

Solange es um menschengemachtes Leid geht, könnte man auf die menschliche Freiheit verweisen. Darauf, dass uns ein liebevoller Gott mit der Freiheit für und gegen das Gute ausstatten muss. Und dass er vorübergehend in Kauf nehmen muss, dass wir uns gegenseitig Leid antun, sei es durch körperliche oder seelische Gewalt.

Wobei dann die Frage bliebe, ob ein Gott die Freiheit der Täter höher bewertet als die Freiheit der Opfer. Dazu gleich mehr.

Zudem könnte man sagen: Ob ein Gebet erhört wird oder nicht, ist eine Frage des Zeithorizonts. Vielleicht urteilen wir ja zu früh, wenn wir sagen, dass ein Gebet nicht erhört wurde. Vor allem solange es die Möglichkeit gibt, dass wir im Anschluss an den Tod im Paradies leben – an jenem Ort, der ultimativ gut wäre.

So gesehen könnte das Paradies die Erhörung aller Gebete sein, zumindest aller guten Gebete.

Doch was sind gute Gebete? Wenn überhaupt, dann könnte das ein Gott entscheiden, der allwissend ist.

Vielleicht wäre ein konkreter Job oder Partner, den wir uns wünschen, ja langfristig schlecht für uns. Vielleicht würden wir auch manchmal bewahrt, wenn ein Gebet nicht erhört wird, zumindest noch nicht.

Außerdem: Was würde es bedeuten, wenn Gott jedes Gebet erhört – und zwar zeitnah? Wenn wir für Regen beten und es regnen würde. Wenn wir für Geld beten und wir Geld bekämen.

Es gäbe die Gefahr, dass wir nur aus egoistischen Gründen an Gott glauben, weil und solange es uns gut geht. Dass wir versuchen, durch Gebete unseren Willen durchzusetzen, ohne zu fragen, ob uns das langfristig zum Guten dient.

Wenn es einen Gott gäbe, der liebevoll ist, würde er sich wünschen, dass wir ihn ebenfalls lieben – nicht, dass wir ihn als nützlichen Gebetsautomaten betrachten. Genau das wäre die Gefahr, wenn er jedes Gebet erhören würde.

Dennoch ist die Antwort nicht ausreichend. Denn es gibt Leid, das unerträglich ist, vor allem das nicht-menschengemachte Leid, wie Erdbeben oder Tsunamis.

Lassen Sie uns kurz beim menschengemachten Leid bleiben, sprich: bei jenem Leid, das von Menschen verursacht wird.

Gegenargument 4: *Wenn es einen liebevollen Gott gäbe, würde er die Verursacher von Leid nicht gewähren lassen. Denn er hätte Mitleid mit deren Opfern.*

Das ist ein berechtigtes Argument. Ein liebevoller Gott müsste die Opfer von Leid beschützen; ihnen zu ihrem Recht verhelfen; die Täter zur Rechenschaft ziehen. Sprich: Er müsste gerecht sein und für Gerechtigkeit sorgen.

Doch kann man ernsthaft an einen gerechten Gott glauben, trotz des Unrechts in der Welt?

Über Leid und Gerechtigkeit

Es gibt viel Unrecht in der Welt: Menschen, die betrogen oder ausgebeutet werden, ohne es verdient zu haben. Menschen, die gemobbt und gedemütigt werden, ohne dass sie Hilfe erhalten. Mörder oder Kriegsverbrecher, die letztlich ungeschoren davonkommen. Entführer und Vergewaltiger, die ihre Opfer quälen, ohne bestraft zu werden.

Ist das nicht der beste Beweis, dass ein gerechter Gott nicht existieren kann? Wie lässt sich der Glaube an einen gerechten Gott mit all dem Unrecht vereinbaren? Und warum kommen so viele Verursacher von Leid ungestraft davon?

Wenn es einen Gott gäbe, der gerecht ist, müsste er die Verursacher von Leid doch zur Rechenschaft ziehen und sie angemessen bestrafen.

Moment.

Ist nicht jeder Mensch Verursacher von Leid – auch wir selbst? Müsste ein gerechter Gott nicht jeden Menschen zur Rechenschaft ziehen – auch uns selbst?

Andere Menschen sind natürlich viel schlimmer als wir – denken wir zumindest. Doch sind nicht auch wir von Zeit zu Zeit egoistisch, lieblos oder ungerecht? Belügen nicht auch wir zum Teil unsere Mitmenschen und verletzen ihr Vertrauen? Lästern nicht auch wir über andere Personen und tragen damit zu Mobbing bei? Sind nicht auch wir von Zeit zu Zeit schadenfroh, beleidigend oder arrogant und schädigen die Psyche unserer Mitmenschen? Von schlimmeren Dingen ganz abgesehen ...

Wenn wir den Schaden aufaddieren, den wir im Leben anrichten, sollten wir dann nicht froh sein, wenn es keinen gerechten Gott gibt? Keinen Gott, der uns zur Rechenschaft zieht und gerecht bestraft?

Mag sein. Doch wenn ein Gott die Verursacher von Leid nicht gerecht bestraft, wäre er ungerecht. Er wäre sogar lieblos. Denn er hätte kein Mitgefühl mit den Opfern von Leid. Er würde die Freiheit der Täter höher bewerten als die Freiheit der Opfer.

Das heißt: Ein Gott, der gerecht und liebevoll ist, müsste die Verursacher von Leid zur Rechenschaft ziehen.

Wie erwähnt, sind es gerade Christen, die glauben, dass solch ein Gott existiert. Demnach ist es der christliche Glaube, der hier in Erklärungsnot kommt. Welche Sicht haben Christen auf dieses Thema? Wird Gott die Verursacher von Leid zur Rechenschaft ziehen?

[Gott] erfüllt seine Zusagen nicht zögernd, wie manche meinen. Im Gegenteil: Er hat Geduld mit euch, weil er nicht will, dass einige zugrunde gehen. Er möchte, dass alle Gelegenheit finden, von ihrem falschen Weg umzukehren.

2. Petrus 3,9

[Doch Gott] hat einen Tag festgesetzt, an dem er über die ganze Menschheit ein gerechtes Gericht halten will [...]

Apostelgeschichte 17,31

Christen glauben also zweierlei: Erstens, dass Gott Geduld mit uns hat – indem er uns die Möglichkeit gibt, dass wir unsere Taten bereuen und unser Leben ändern. Zweitens, dass Gott Gerechtigkeit schafft – indem er ein gerechtes Gericht über die ganze Menschheit hält. Nicht jetzt, aber zu einem späteren Zeitpunkt.

Ein gerechtes Gericht? Über die ganze Menschheit? Auch über mich?

Das ist der Punkt, an dem der christliche Glaube unangenehm wird – weil er Rechenschaft von uns fordert. Oft zeigen wir mit dem Finger auf andere – und fordern Gerechtigkeit. Doch wenn es um uns geht, hoffen wir auf einen Gott, der liebevoll ist; auf einen Gott, der nicht bestraft, sondern vergibt – wenn überhaupt.

Denn woher sollen wir wissen, ob wir unser Leben nicht zu spät geändert haben? Ob wir nicht schon so viel Leid verursacht haben, dass wir kaum dafür geradestehen können?

Selbst, wenn wir uns vornähmen, ab sofort liebevoll und gerecht zu sein: Wie sollte uns das gelingen? Wir sind doch nur Menschen – unvollkommene Menschen. Ein Gott, der nicht nur gerecht, sondern auch liebevoll ist, müsste doch Verständnis haben. Andernfalls wäre der Glaube nur von Angst geprägt.

Stimmt. Und tatsächlich glauben Christen, dass Gott Verständnis hat. So sehr, dass er angeblich einen Weg gefunden hat, ein gerechtes Gericht zu halten, ohne uns zu schaden.

Christen glauben, dass Gott das Unrecht in der Welt bestrafen wird und uns gleichzeitig vergeben kann. Dass er das Böse in der Welt besiegen wird und uns gleichzeitig das ewige Leben schenkt. Mit anderen Worten: dass er sowohl seiner Gerechtigkeit treu bleibt – als auch seiner Liebe.

Das klingt unmöglich. Und trotzdem werden wir es prüfen. Trotzdem oder gerade deswegen.

Zur Ausgangsfrage: Welche Sicht hat der christliche Glaube auf die Ungerechtigkeit in der Welt?

Christen glauben erstens, dass jeder Mensch Verursacher von Ungerechtigkeit ist. Zweitens, dass Ungerechtigkeit schlecht oder böse ist. Drittens, dass Gott uns nur deshalb zum Teil gewähren lässt, weil er hofft, dass wir unsere Taten bereuen und unser Leben ändern.

Christen glauben, dass Gott uns Vergebung schenken will, bevor der Tag des Gerichts kommt.

Das mag beruhigend oder beängstigend sein. In jedem Fall könnte es nur dasjenige Unrecht erklären, das menschengemacht ist. Es gibt aber auch nicht-menschengemachtes Unrecht, etwa die Tatsache, dass Menschen bei Erdbeben sterben und andere nicht; dass Menschen todkrank sind und andere nicht; dass Menschen benachteiligt sind und andere nicht – von Geburt an.

Wie sieht es mit dem nicht-menschengemachten Unrecht aus? Allgemeiner: mit dem nicht-menschengemachten Leid?

Das nicht-menschengemachte Leid

Wir müssen differenzieren:

Auf der einen Seite gibt es leichtes bis mittelschweres Leid, zum Beispiel Krankheiten, die heilbar sind, oder Schicksalsschläge, die zu verkraften sind. Man kann zum Teil sogar reifen durch dieses Leid: bescheidener und dankbarer werden, tiefgründiger und ehrlicher, sensibler für Menschen mit ähnlichem Schicksal. Man kann erkennen, was einem wichtig ist im Leben.

Das bedeutet nicht, dass dieses Leid von Gott verursacht sein muss. Doch zumindest könnte er es vorübergehend zulassen, wenn es uns langfristig zum Guten dient.

Das Interessante ist: Der persönliche Umgang mit Leid ist von Mensch zu Mensch verschieden. Manche werden durch Leid persönlich reifer, suchen die Nähe zu anderen Menschen oder schöpfen Kraft aus ihrem Glauben. Andere werden durch Leid vor allem verbittert, haben Wut auf andere Menschen, verlieren den Glauben an das Gute.

So gesehen könnte Leid auch eine Prüfung des Charakters sein – oder des Glaubens. Denn erst in Notsituationen zeigt sich, wofür wir stehen und woran wir glauben.

Das leichte bis mittlere Leid wäre auf diese Weise erklärbar – und vielleicht mit einem guten Gott vereinbar.

Doch was ist mit den schweren Formen des nicht-menschengemachten Leids? Mit unheilbaren, qualvollen Krankheiten? Mit Erdbeben, Tsunamis und Vulkanausbrüchen? Warum sollte ein guter Gott das zulassen?

Falls ein Gott nicht existiert, gäbe es kein Erklärungsproblem. Vulkanausbrüche und Erdbeben wären dann Zufall oder Pech, erklärbar durch die Naturgesetze.

Wenn es einen Gott gäbe, der böse ist, sähe das ähnlich aus. Auch dann gäbe es kein Erklärungsproblem. Denn schweres Leid wäre die Folge eines sadistischen Gottes.

Doch falls Gott tatsächlich böse wäre, falls der Ursprung unserer Existenz nicht gut, sondern böse wäre, woher käme dann die ursprüngliche Gewissheit, dass Liebe und Gerechtigkeit gut sind? Woher käme unser Gewissen, unser Gespür für das Gute?

Wie erwähnt, scheint das Gewissen durch Erziehung, Sozialisation und Evolution nicht vollständig erklärbar zu sein.[11] Nehmen wir an, das Gewissen käme tatsächlich von einem Gott, der gut ist. Wie wäre dann das nicht-menschengemachte Leid zu erklären? Durch wen oder was wäre es verursacht?

Drei Erklärungsversuche:

Erklärung 1: *Gott ist gut und böse zugleich; und der böse Anteil von Gott verursacht das nicht-menschengemachte Leid.*

Man könnte glauben, dass ein Gott existiert, der nicht nur gute, sondern auch böse Wesenszüge hat; der nicht nur Gutes bewirkt, sondern auch Leid verursacht. Sprich: Im Ursprung allen Seins, im höchsten aller Wesen stünden sich Gut und Böse auf gleicher Ebene gegenüber.

Gut zu sein, wäre nicht besser, als böse zu sein. Und böse zu sein, wäre nicht schlechter, als gut zu sein. Denn die höchste aller Instanzen hätte beides in sich vereint. Das eine wäre nicht höher oder wertvoller als das andere.

Man kann das glauben. Doch entspricht es der Realität? Stehen sich Gut und Böse als gleichwertig gegenüber? Ist es egal, ob wir einen Menschen lieben oder hassen? Fühlt sich beides gleich richtig oder gleich wertig an?

Die erwähnten Studien zeigen: Selbst Kleinstkinder haben die Gewissheit, dass es gut und richtig ist, sich liebevoll und gerecht zu verhalten; dass es wertvoller ist, einen Menschen zu lieben, als ihn zu hassen. Diese Gewissheit ist ursprünglich in uns verankert.[12]

Es scheint daher fragwürdig zu glauben, dass der Ursprung allen Seins, die höchste aller Instanzen nicht nur gut, sondern auch böse ist.

Doch wenn Gott nur gut wäre, woher käme dann das nicht-menschengemachte Leid?

Erklärung 2: *Es gibt zwei verschiedene Götter – einen guten und einen bösen. Der böse Gott verursacht das nicht-menschengemachte Leid.*

Man könnte glauben, dass es einen guten und einen bösen Gott gibt: einen, der nur Gutes tut, und einen, der nur Böses tut. Wobei Letzterer das Leid verursacht.

Auch in diesem Fall stünden sich Gut und Böse auf gleicher Ebene gegenüber – aber nicht vereint in nur einer Instanz, sondern verteilt auf zwei separate Instanzen.

Trotzdem wäre die Kritik berechtigt, dass die Realität etwas anderes zeigt: Gut und Böse sind nicht gleich richtig oder gleich wertig. Diese Gewissheit ist ursprünglich in uns verankert.[13] Also müsste sie auch im Ursprung unserer Existenz zu finden sein.

Ein weiteres Argument betrifft das menschliche Wesen. Nehmen wir an, es gäbe zwei Götter: einen guten und einen bösen. Dann läge es nahe, dass der gute Gott nur gute Menschen erschafft – und der böse Gott nur böse Menschen. Die Frage ist, wie realistisch das wäre.

Gibt es Menschen, die nur Gutes tun, und Menschen, die nur Böses tun? Ist die Realität so schwarz-weiß? Oder hat nicht jeder Mensch sowohl positive als auch negative Züge, etwa die Anlage zu einem Gewissen oder die Fähigkeit zu hassen?

Vermutlich schon. Es scheint daher fragwürdig, an einen Gott zu glauben, der ausschließlich böse ist. Doch woher sonst sollte das nicht-menschengemachte Leid kommen?

Erklärung 3: *Gott ist gut. Aber es gibt andere übernatürliche Wesen, die böse sind. Diese Wesen verursachen das nicht-menschengemachte Leid.*

Die dritte Erklärung greift die verschiedenen Gegenargumente auf. Sie sagt zum einen, dass Gott von Grund auf gut sei; dass das höchste aller Wesen, der Ursprung allen Seins zutiefst gut sei. Das könnte erklären, warum wir Menschen die ursprüngliche Gewissheit haben, dass das Gute von höherem Wert ist als das Böse.

Zum anderen wird betont, dass man das Gute nicht erzwingen könne, vor allem nicht die Liebe. Ein Gott, der gut ist, könne niemanden dazu zwingen, gut und liebevoll zu sein. Es wird daher angenommen, dass zwar jeder Mensch ein Gewissen hat, aber gleichzeitig die Freiheit, dem Gewissen zu folgen oder nicht. Wobei es wohl keinen Menschen gibt, der immer auf sein Gewissen hört.

Das heißt: Kein Mensch ist vollkommen gut, und kein Mensch ist vollkommen schlecht. Es gibt Menschen, die ihrem Gewissen recht stark folgen und häufig Gutes tun; und Menschen, die ihrem Gewissen fast gar nicht folgen und häufig Böses tun. Die Realität ist nicht schwarz-weiß, sondern besteht aus Graustufen.

Was hat das mit dem nicht-menschengemachten Leid zu tun?

Falls ein Gott existiert, wäre es denkbar, dass er nicht nur Menschen, sondern auch übernatürliche Wesen erschafft, zum Beispiel «Engel». Diesen Wesen müsste er dann ebenfalls die Freiheit geben, sich für oder gegen das Gute zu entscheiden. Wobei es auch hier vermutlich kein Schwarz-Weiß, sondern verschiedene Graustufen gäbe.

Wir hätten also Engel, die sich recht stark für das Gute entscheiden und häufig Gutes tun; und Engel, die sich fast gar nicht für das Gute entscheiden und häufig Böses tun. Es gäbe ein breites Spektrum unterschiedlich guter und böser Engel. Am bösen Ende des Spektrums wäre ein Engel, der in extremster Form böse ist. Dieser Engel könnte der Hauptverursacher des nicht-menschengemachten Leids sein.

Wie erwähnt, ist es vor allem der christliche Glaube, der beim Thema Leid in Erklärungsnot kommt. Und tatsächlich glauben Christen, dass ein Engel existiert, der in extremster Form böse ist. Bezeichnet wird er als «Teufel» oder «Satan».[14]

> [Der] Teufel oder Satan, der als listige Schlange schon immer die ganze Welt zum Bösen verführt hat. Er wurde mit allen seinen Engeln aus dem Himmel auf die Erde hinuntergestürzt.
> *Offenbarung 12,9*[15]

Nun könnte man fragen, warum ein guter Gott den Teufel erschafft. Doch wenn sich Engel für oder gegen das Gute entscheiden könnten, gäbe es auch immer Engel, die sich gegen das Gute entscheiden – wenn nicht den Teufel, dann ein anderes Wesen.

Die Frage ist nicht, warum ein guter Gott den Teufel erschafft, sondern wie lange und wie weit er ihn gewähren lässt. Müsste er den Teufel nicht vernichten? Oder gäbe es Gründe, damit abzuwarten?

Fraglich wäre auch, welche Perspektive Gott den Notleidenden gibt; welchen Trost sie hätten, wenn sie sterben oder ihr Kind verlieren. Gäbe es Hoffnung, die das schwere Leid erträglich macht? Gäbe es Heilung, Trost und Wiedergutmachung?

Wie erwähnt, glauben Christen an ein ewiges Leben im Paradies; an einen Zustand voll Liebe und Gerechtigkeit; an eine Welt, die leidfrei und voll Frieden ist. Christen glauben, dass das Paradies ein Zustand ist, in dem sich alle guten Sehnsüchte erfüllen.

Hätte dieser Zustand das Potenzial, selbst schwerstes Leid verblassen zu lassen? Den Schmerz dieser Welt vergessen zu machen?

Welche Sicht haben Christen auf diese Fragen?

> Dann sah ich einen neuen Himmel und eine neue Erde. Der erste Himmel und die erste Erde waren verschwunden und das Meer war nicht mehr da. […] Und vom Thron her hörte ich eine starke Stimme rufen: «Dies ist die Wohnstätte Gottes bei den Menschen! Er wird bei ihnen wohnen, und sie werden seine Völker sein. Gott selbst wird als ihr Gott bei ihnen sein.

Er wird alle ihre Tränen abwischen. Es wird keinen Tod mehr geben und keine Traurigkeit, keine Klage und keine Quälerei mehr. Was einmal war, ist für immer vorbei.»

Offenbarung 21,1–4

Ein ewiges Leben ohne Leid? In Frieden und Gerechtigkeit? Das klingt zu schön, um wahr zu sein.

Falls dem so wäre, könnte es tatsächlich ein Trost und eine Hoffnung sein – zumindest für Menschen, die daran glauben. Es scheint daher sinnvoll, dieser Hoffnung auf den Grund zu gehen.

Auf der Suche nach Antworten

Man kann leicht theoretisieren über das Leid. Doch erst, wenn man selbst Leid erlebt, kann man verstehen, was es heißt, verzweifelt zu sein, verloren zu sein – vielleicht aber auch, getröstet zu sein.

Es gibt Menschen, die in Zeiten schwersten Leids Halt in ihrem Glauben finden, die trotz großer Hoffnungslosigkeit eine tiefere Hoffnung spüren. Ob diese Hoffnung Illusion ist oder Realität, sollten wir uns nicht anmaßen zu beurteilen.

Dennoch scheint die Frage berechtigt, ob Leid und Glaube vereinbar sind; ob es plausibel ist, trotz schweren Leids an einen Gott zu glauben, der gut ist. Welches Fazit können wir ziehen?

Eine abschließende Antwort ist schwierig, denn manch eine Frage bleibt offen.

Das menschengemachte Leid könnte man mit der menschlichen Freiheit erklären. Denn ein Gott, der liebevoll ist, würde uns die Freiheit geben, dass wir uns auch gegen das Gute entscheiden – mit Leid als vorübergehendem Übel. Offen bleibt, warum ein liebender Gott die Opfer von Leid nicht stärker beschützt; warum er nicht stärker eingreift, wenn Menschen verletzt oder getötet werden.

Mit einem Gott, der gerecht ist, könnte man das menschengemachte Leid genauso vereinbaren – vorausgesetzt, Gott würde die Verursacher von Leid gerecht bestrafen; wenn nicht sofort, dann spätestens nach dem Tod. Offen bleibt, wie beides zusammenpasst: ein Gott, der straft, und ein Gott, der liebt?

Auch das nicht-menschengemachte Leid könnte mit einem guten Gott vereinbar sein – zumindest wenn man das Leid verkraften und daran reifen kann. Offen bleibt, warum es in der Welt auch schwerstes Leid gibt; ob es den Teufel oder Satan gibt; warum er von Gott nicht vernichtet wird.

Was bedeutet das für die Suche nach Antworten?

Ausgangspunkt waren die großen Lebensfragen: wer wir sind, woher wir kommen, wohin wir gehen; unsere Suche nach Sinn, Erfüllung und Identität.

Einerseits könnte man durch Gott viel erklären: unsere Fähigkeit zu denken und unser Bewusstsein; unsere Persönlichkeit und unsere Psyche; unser Gewissen und unsere Werte.

Andererseits blieben so manche Fragen offen, vor allem was das Leid betrifft. Fragen, die womöglich niemals zu beantworten sind.

Was bedeutet das? Ist jede Antwort nur vorläufig, jede Erkenntnis nur Glaube, jeder Glaube nur Spekulation? Oder gibt es Dinge, die wir wissen können? Antworten, die verlässlich sind?

Ist es lohnenswert, nach Wahrheit zu suchen?

Kapitel 5
Die ewige Suche nach Wahrheit

Was können wir wissen?

«Ich weiß, dass ich nichts weiß.»[1]
Mit diesen Worten soll der griechische Philosoph Sokrates 399 v. Chr. bekannt haben, dass ihm die Grenzen seines Wissens bewusst sind. Trotzdem habe er ein Leben lang versucht, sein Wissen zu mehren und nach Wahrheit zu streben. Zentral seien für ihn das Wissen um Gut und Böse sowie die Frage nach Gott gewesen.[2]

«Was ist Wahrheit?», soll der römische Statthalter Pilatus gut 400 Jahre später gefragt haben.[3] Eine Frage, die Philosophen seit Jahrtausenden beschäftigt – und die uns dabei helfen kann, die menschliche Wahrheitssuche zu verstehen.

Was ist Wahrheit?

Es gibt Versuche, den Begriff «Wahrheit» zu definieren.[4] Das Problem ist: Wenn man Wahrheit definiert, setzt man voraus, dass die jeweilige Wahrheitsdefinition wahr ist.[5] Doch lässt sich das sagen? Kann eine Wahrheitsdefinition selbst wahr sein?

Wir sollten klären, ob es so etwas wie Wahrheit überhaupt gibt. Letztlich ist das eine Frage der Logik.[6] Ein Beispiel:

Die Aussagen «Der Mond existiert» und «Der Mond existiert nicht» können nicht gleichzeitig wahr sein. Das wäre nicht logisch – vorausgesetzt, man spricht über denselben Mond zum selben Zeitpunkt.[7] Entweder der Mond existiert, oder er existiert nicht. Die Frage ist, ob zumindest eine der Aussagen wahr ist.

Die meisten Philosophen suchen die Antwort in der Realität: Im so genannten «Realismus» wird angenommen, dass eine vom Denken unabhängige Realität existiert – das heißt: eine Realität, die auch dann existiert, wenn wir gerade nicht über sie nachdenken.[8]

Ob der Mond existiert oder nicht, hängt nicht davon ab, wie wir darüber denken. Unser Denken kann richtig oder falsch sein, logisch oder unlogisch. Auf den Mond und seine Existenz hat das aber keinen Einfluss.

Nehmen wir an, es gäbe eine vom Denken unabhängige Realität. Dann wäre ein Gedanke wahr, wenn seine Aussage mit der Realität übereinstimmt – im Fachjargon: wenn die Aussage mit der Realität korrespondiert. Bezeichnet wird diese Sicht als «korrespondenztheoretisch».[9]

Die Aussage «Der Mond existiert» wäre also wahr, wenn der Mond existiert – als reales Objekt in Raum und Zeit.[10] Doch lässt sich die Aussage auf ihren Wahrheitsgehalt prüfen?

Drei Dinge wären nötig.

Erstens: Wir müssten die Aussage verstehen. Dazu haben wir unseren Verstand: unser logisches Denken. Bei «Der Mond existiert» müssten wir verstehen, dass mit «Mond» ein Objekt in Raum und Zeit gemeint ist – ein Objekt, das real existiert oder nicht.

Zweitens: Wir müssten die Realität erkennen. Dazu haben wir unsere Sinne: unser Sehen, Hören, Riechen, Schmecken und Tasten. Wir müssten sie benutzen, um den Mond zu erkennen: indem wir ihn beobachten oder anfassen – und uns von seiner Existenz überzeugen.

Drittens: Wir müssten die Aussage mit der Realität vergleichen. Dazu müssten wir abstrahieren: von der sprachlichen Aussage auf die nicht-sprachliche Realität. Wenn unsere Sinne uns vermitteln, dass der Mond existiert, könnten wir den Schluss ziehen, dass die Aussage wahr ist.

Doch ist das so einfach? Woher wissen wir, dass unser Denken verlässlich ist, dass unsere Sinne uns nicht täuschen?

Wahrheit und Wahrnehmung

Irren ist menschlich, heißt es. Aber die Wahrscheinlichkeit, zu irren, kann variieren: Wenn wir einen Stuhl sehen und darauf sitzen, dann ist es wahrscheinlich, dass der Stuhl existiert – vor allem, wenn auch andere ihn sehen.[11] Ob man den Stuhl dann als Hocker, Stuhl oder Chair bezeichnet, spielt keine Rolle.

Schwieriger ist es, wenn man Dinge zwar sehen, aber nicht anfassen kann, zum Beispiel einen weit entfernten Planeten. Wir könnten zwar Hinweise sammeln, dass der Planet existiert, etwa durch Beobachtungen mit einem Teleskop. Doch erst, wenn wir ihn bereisen könnten, wenn wir ihn auch anfassen könnten, würden wir uns sicher sein, dass es ihn wirklich gibt.[12]

Noch schwieriger ist es, wenn wir Dinge weder sehen noch anfassen können, zum Beispiel Elementarteilchen oder einen Gott. Uns bleibt dann meist nichts anderes übrig, als Indizien zu sammeln: Indizien für und gegen Elementarteilchen, Indizien für und gegen einen Gott. Am Ende können wir sie auswerten – und daran glauben oder nicht.

Ähnlich schwierig ist es im zwischenmenschlichen Bereich, etwa bei Streitigkeiten, Konflikten und Meinungsdifferenzen. Oft ist in solchen Fällen nicht feststellbar, wer recht hat, wer die Wahrheit sagt. Manchmal haben sogar mehrere Menschen recht – bezogen auf die jeweils subjektive Wahrnehmung. Was die übergreifende Wahrheit ist, bleibt meist verborgen.[13]

Am schwierigsten ist es bei Produkten unseres Denkens: bei Ideen, Gedanken und Träumen. Wenn jemand sagt, er denke an ein achtbeiniges Pferd, dann lässt sich nicht prüfen, ob die Aussage wahr ist. Der Gedanke der Person ist ja nicht überprüfbar. Wäre die Aussage wahr, dann würde es tatsächlich achtbeinige Pferde geben; aber nur in der Welt der Gedanken – und nicht in der vom Denken unabhängigen Realität.[14]

Was heißt das für die Suche nach Wahrheit? Können wir Antworten finden, die wahr sind?

Das kommt darauf an. Denn es gibt drei Bereiche, auf die man die Wahrheitsfrage anwenden kann: die objektive Welt, die subjektive Welt, die imaginäre Welt.

Erstens gibt es die objektive Welt: die Welt der Stühle, Elementarteilchen und Planeten; die vom Denken unabhängige Realität.[15] Dort ist die Chance am größten, dass wir wahre Antworten finden. Wobei wir auch hier nie sicher sein können, dass unsere Wahrnehmung uns nicht täuscht.[16]

Zweitens gibt es die subjektive Welt: die Welt der Ansichten, Meinungen und Diskussionen; die vom Denken beeinflusste Realität. Hier gibt es stark unterschiedliche Wahrnehmungen, vielleicht auch eine übergreifende Wahrheit. Sie zu finden, ist aber schwer.

Drittens gibt es die imaginäre Welt: die Welt der Gedanken, Ideen und Träume, weitgehend losgelöst von der Realität. In dieser Welt ist fast alles möglich: achtbeinige Pferde, sprechende Schildkröten, verzauberte Froschkönige. Für die Realität ist diese Welt aber kaum von Bedeutung. Sie kann uns nicht helfen, wahre Aussagen über die Realität zu treffen.

Und was ist mit den großen Lebensfragen? Zu welcher der drei Welten zählen sie?

Wahrheit und die großen Lebensfragen

Was ist der Sinn des Lebens? Wie können wir glücklich sein? Wonach sollen wir streben? Gibt es ein Leben nach dem Tod?

Kann man darauf Antworten finden, die wahr sind? Oder sind die Fragen rein subjektiv – weil jeder Mensch selbst entscheidet, welchen Sinn er im Leben sieht, wie er nach Glück sucht, wonach er streben will? Ist letztlich also *jede* Antwort gültig?

So einfach ist es nicht. Denn wir schweben nicht im luftleeren Raum. Wir sind Teil der Realität. Wir sind abhängig von der Realität.[17] Dem sollten wir gerecht werden – indem wir nach Antworten suchen, die realistisch sind.

Wie sieht die Realität aus? Und wie beeinflusst sie die großen Lebensfragen?

Es gibt drei Grundfragen, die es zu klären gilt:

Erstens: Woraus besteht die Realität? Gibt es nur die natürliche Welt oder auch etwas Übernatürliches?

Zweitens: Woraus bestehen wir Menschen? Haben wir nur unseren Körper – oder auch eine Seele?

Drittens: Woher kommen wir Menschen? Sind wir Produkte der Evolution oder Geschöpfe eines Gottes – oder beides?

Es liegt auf der Hand, dass die Antworten großen Einfluss haben: auf die Frage nach dem Sinn und Wert des Lebens; auf die Frage, wie wir glücklich werden; ja, letztlich auf alle großen Lebensfragen.

Zwei Beispiele:

Wenn alles nur aus Atomen besteht, wäre die Sinnfrage hinfällig, denn auch die Sinnfrage bestünde dann nur aus Atomen – aus Biochemie im Gehirn.

Wenn es keinen Gott und keine Seele gibt, dann wäre es nicht logisch, an ein Leben nach dem Tod zu glauben. Denn wir hätten nur unseren Körper – der nach dem Tod zerfällt.

Das heißt: Die Antworten auf die großen Lebensfragen sind nicht beliebig – sie hängen von den drei Grundfragen ab. Und das Entscheidende ist: Die Grundfragen betreffen nicht die subjektive, sondern die objektive Welt:

Ob es das Übernatürliche gibt oder nicht, ist keine subjektive Entscheidung. Ob es die Seele gibt oder nicht, ob es einen Gott gibt oder nicht, ist keine Frage des Glaubens – so paradox es klingt.

Wir können an Gott glauben oder nicht. Auf die Frage, ob es ihn gibt oder nicht, hat das keinen Einfluss. Entweder er existiert, oder er existiert nicht – egal, ob wir an ihn glauben.

Falls es ihn gibt, wäre er nicht Fantasie, sondern Realität. Die Frage ist nur, ob wir die Realität erkennen können.

Wahrheit und Weltanschauung

Wie erwähnt, haben wir unsere Sinne und unser Denken. Wenn wir sie nutzen, machen wir uns ein Bild von der Realität, eine Anschauung von der Welt. Wobei wir nicht wissen, ob unsere Weltanschauung wahr ist.

Jede Weltanschauung basiert auf Annahmen: der Naturalismus und der Supranaturalismus, der Atheismus und der Theismus.[18] Die Frage ist, welche der Annahmen wahr ist – und welche der Weltanschauungen die Realität erklärt.

Zwei Dinge haben sich gezeigt.

Erstens: Bereits unser Denken scheint ein Indiz für das Übernatürliche zu sein:[19] Wenn wir eigenständig denken können, unser Denken selbst steuern können, dann muss es weit mehr sein als Biochemie im Gehirn, weit mehr als das Wechselwirken natürlicher Teilchen.[20]

Nicht die Naturgesetze, sondern wir selbst müssten das Denken steuern können. Es müsste von den Naturgesetzen unabhängig sein, zumindest teilweise. Das heißt: Unser Denken müsste übernatürlich sein, etwa verankert in einer Seele.[21]

Zweitens: Es gibt zentrale Wesenszüge, die alle Menschen teilen, von Geburt an. Wesenszüge, die so ursprünglich sind, dass sie Hinweise auf unseren Ursprung liefern.[22]

Von Geburt an sind wir Wesen mit einer Persönlichkeit.[23] Von Geburt an haben wir die Gewissheit, dass Liebe und Gerechtigkeit gut sind – und zwar selbstlose Liebe im Sinne von Agape.[24]

Läge es nicht nahe, dass auch der Ursprung von uns Menschen persönlich, liebevoll und gerecht sein kann? Wäre es nicht sinnvoll, nach Weltanschauungen zu suchen, die dem entsprechen?

Wie erwähnt, gibt es genau eine Weltanschauung, die annimmt, dass der Ursprung des Lebens in einem Wesen vollkommener Liebe und Gerechtigkeit liegt, mit Liebe im Sinne von Agape. Diese Weltanschauung ist der christliche Glaube.[25]

Gleichzeitig wirft der christliche Glaube Fragen auf, die wir bislang nicht klären konnten – etwa die Frage, warum ein guter Gott schweres Leid zulässt.

Wie sollen wir damit umgehen? Es gibt zwei Möglichkeiten.

Möglichkeit 1: *Wir schließen die Existenz eines guten Gottes aus.*

Viele Menschen lehnen es ab, dass ein guter Gott existieren kann. Doch warum?

Wegen der Evolutionstheorie? Vertreter der «theistischen Evolution» sagen, dass Glaube und Evolution vereinbar sind, zumindest prinzipiell.[26]

Wegen des Leids in der Welt? Es gibt zwar offene Fragen, doch vielleicht sind sie zu klären.[27] Das müssten wir prüfen.

Wegen der Kirchen? Wir sollten versuchen zu trennen: zwischen dem, was ein Glaube sagt, und dem, was die Kirchen daraus machen.

Weil die Bibel nicht glaubwürdig ist? Um das zu entscheiden, müssten wir die Bibel genauer betrachten.

Weil wir uns vor Gott nicht rechtfertigen wollen? Vielleicht. Doch auf die Frage, ob es ihn gibt oder nicht, hat das keinen Einfluss.

Möglichkeit 2: *Wir widmen uns der Frage ergebnisoffen.*
Viele Menschen sind offener – und ziehen zumindest in Betracht, dass ein guter Gott existiert.

Die Chance: Falls dem so wäre, könnten wir vermutlich Antworten finden, die wir anderswo nicht fänden: auf die Frage nach dem Sinn und Wert des Lebens; auf die Frage, wie wir glücklich werden; letztlich auf alle großen Lebensfragen.

Das Risiko: Wir könnten in einer Sackgasse landen. Weil wir erkennen, dass die Realität etwas anderes zeigt: dass ein guter Gott nicht existieren kann. Doch was hätten wir zu verlieren – außer Zeit und einen vermeintlichen Irrglauben?

Wenn es der Wahrheitsfindung dient, sollten wir der Sache auf den Grund gehen. Dabei liegt es nahe, dass der christliche Glaube im Fokus steht. Doch wir werden auch andere Weltanschauungen prüfen.

Eines ist klar: Ein guter Gott ist weder beweisbar noch widerlegbar, zumindest im wissenschaftlichen Sinne. Wir können aber Indizien sammeln. Indem wir den Glauben prüfen, anhand der Realität.[28]

Am Ende ist die Gottes-Frage kein Selbstzweck. Sie ist ein Schlüssel bei unserer Suche nach Wahrheit – bei unserer Suche nach Antworten auf die großen Lebensfragen.

Teil II

Kapitel 6
Die Frage nach dem Sinn allen Seins

Was sollen wir hier?

Jede Weltanschauung hat ihre Sicht auf die Welt, ihre Antworten auf die großen Lebensfragen. Das gilt auch für den christlichen Glauben.

Drei der zentralsten Antworten kennen wir schon:

Erstens: Woraus besteht die Realität?

Christen glauben, dass es nicht nur die natürliche Welt, sondern auch etwas Übernatürliches gibt, zum Beispiel einen Gott oder unser Denken.

Zweitens: Woraus bestehen wir Menschen?

Christen glauben, dass wir nicht nur unseren Körper, sondern auch eine Seele haben. Sie gilt als Zentrum unseres eigenständigen Denkens, Empfindens und Handelns; als unser unsterbliches «Ich» und unsere Persönlichkeit.

Drittens: Woher kommen wir Menschen?

Christen glauben, dass unser Ursprung nicht in der unpersönlichen Materie liegt, sondern in einem Gott, der persönlich ist. Ob mit oder ohne Evolution, ist umstritten.[1]

Doch was bedeutet das konkret – für unseren Alltag und unser Leben? Für unsere Suche nach Sinn, Erfüllung und Bestimmung?

Nehmen wir an, unser Ursprung läge in einem Gott, der persönlich ist. Dann würde das bedeuten, dass dieser Gott persönliche Wesenszüge hat; dass er persönliche Absichten hat.

Die Frage ist: Warum sollte ein Gott dann uns Menschen erschaffen? Welche Absichten, welchen Grund könnte er haben?

Und welchen Einfluss hätte das auf den Sinn des Lebens, auf die Bestimmung für unser Leben?

Lassen Sie uns prüfen, welche Antworten Christen darauf geben – und ob diese Antworten realistisch sind.

Bevor wir uns dem Sinn des Lebens widmen, sollten wir zunächst klären, welche Art von Gottesbild Christen vertreten.

Das christliche Gottesbild

Christen glauben, dass Gott das höchste übernatürliche Wesen ist: unsichtbar und ewig, allmächtig und vollkommen. Vor allem gilt er als vollkommen gut, das heißt: als der Ursprung und Inbegriff von Liebe und Gerechtigkeit. Liebe ist hier im Sinne von Agape gemeint – im Sinne der höchsten, selbstlosen Form von Liebe.[2]

Die folgenden Bibelstellen verdeutlichen das. Wir werden sie später auf ihre Realitätsnähe hin prüfen.

> Gott, der *Höchste* […][3]
>
> *Psalm 77,11*[4]

> Gott ist […] *unsichtbar* […]
>
> *Römer 1,20*[5]

> «Der *ewige* Gott […]»
>
> *5. Mose 33,27*

> […] der *allmächtige* Gott […]
>
> *1. Chronik 11,9*[6]

> […] die Herrlichkeit des in sich *vollkommenen* Gottes […]
>
> *1. Timotheus 1,11*

«Nur einer ist *gut:* Gott!»

Markus 10,18

Gott ist *Liebe.*

1. Johannes 4,16

[Gott] ist *gerecht* [...]

Psalm 145,17

Der Glaube von Christen unterscheidet sich hier grundlegend von den anderen Glaubensrichtungen. Denn in anderen Glaubensrichtungen gilt Gott zwar meist auch als gerecht, aber nicht als vollkommen liebevoll, nicht als die Liebe selbst («Gott *ist* Liebe»).[7]

Ist das christliche Gottesbild realistisch?

Nehmen wir an, Gott wäre der Ursprung allen Seins, sprich: das erste aller Wesen. Dann müsste er vom Ursprung her ein Einzelwesen sein. Er müsste zunächst allein gewesen sein – zumindest, als er noch keine anderen Wesen erschaffen hatte.

Doch wenn Gott vom Ursprung her ein Einzelwesen ist, wie könnte er dann der Ursprung von Liebe sein? Braucht Liebe nicht ein Gegenüber? Wen oder was sollte Gott geliebt haben? Sich selbst? Selbstbezogene Liebe ist keine Liebe, sondern Selbstverliebtheit.

Was sagen Christen dazu?

Christen glauben, dass Gott kein Einzelwesen ist. Sie sagen, dass er ein Gemeinschaftswesen ist – von Ewigkeit her.

Christen glauben, dass Gott zwar nur *ein* Wesen ist, dass seine Göttlichkeit aber *drei* Personen umfasst: den göttlichen Vater («Gott» selbst), den göttlichen Sohn («Sohn Gottes») und den göttlichen Geist («Heiliger Geist»).[8] Diese Personen – so die Annahme – bilden seit jeher eine göttliche Einheit, weil sie in vollkommener Liebe und Gerechtigkeit miteinander leben.

Bekannt ist diese Sicht als «göttliche Dreieinigkeit».[9] Wobei der christliche Glaube kein Mehrgötter-Glaube ist. Christen glauben, dass es nicht etwa mehrere Götter, sondern nur einen Gott gibt. Sie glauben, dass es zwar *drei* göttliche Personen gibt, die aber voll und ganz *eins* sind – aufgrund ihrer identischen göttlichen Natur.

Der Ursprung allen Seins ist laut dem christlichen Glauben also kein Einzelwesen, sondern eine Gemeinschaft göttlicher Personen, die in vollkommener Liebe und Gerechtigkeit miteinander leben.

«[...] im Namen des [göttlichen] Vaters und des [göttlichen] Sohnes und des Heiligen Geistes [...]»

Matthäus 28,19

[Der göttliche Sohn sagte:] «Der [göttliche] Vater und ich sind untrennbar eins.»

Johannes 10,30

[Der göttliche Sohn], der selbst Gott ist und mit dem [göttlichen] Vater in engster Gemeinschaft steht [...]

Johannes 1,18

[...] die Gemeinschaft stiftende Kraft des Heiligen Geistes [...]

2. Korinther 13,13

[...] der lebendige Gott [...]

Jeremia 23,36

Gott ist Liebe.

1. Johannes 4,16

[Gott] ist gerecht [...]

Psalm 145,17

Der Theologe Timothy Keller interpretiert das wie folgt:

> Schon bevor die Welt existierte, gab es [laut dem christlichen Glauben] eine Gemeinschaft von Personen, die voneinander abhängig waren und einander liebten, anstatt unabhängig voneinander zu existieren und selbstsüchtig zu leben. In der Natur Gottes gab es schon immer Selbstlosigkeit und eine Orientierung hin zu dem anderen. Dinge wie Freundschaften, Beziehungen und Liebe sind demnach keine Unfälle des Universums, sondern gerade der Kern der Wirklichkeit.[10]
>
> *Timothy Keller*

Angenommen, das wäre so. Warum sollte ein Gott dann uns Menschen erschaffen? Welchen Grund oder Sinn sollte das haben?

Der mögliche Sinn des Lebens

Teilt man etwas, so hat man anschließend weniger davon; zum Beispiel Geld, Essen oder die Luft zum Atmen. Aber es gibt eine Ausnahme:

Das Teilen von Freude führt nicht zu weniger, sondern zu mehr Freude. Geteiltes Leid ist halbes Leid. Geteilte Freude ist doppelte Freude. Und Freude hat man normalerweise an guten Dingen.

Nehmen wir an, Gott wäre der Ursprung des Guten. Dann läge es doch nahe, dass er das Gute teilen will – um die Freude daran zu mehren.

Christen glauben das.

Sie glauben, dass Gott uns erschaffen hat, um die Freude am Guten zu teilen – vor allem die Freude an der Liebe. Sie glauben, dass die Liebe drei Bereiche umfasst: die Liebe zu Gott, die Liebe zu den Mitmenschen, die Liebe zu den Tieren und der Natur.[11]

Mit «Liebe» ist nicht nur ein Gefühl gemeint, sondern eine grundlegende Haltung – eine Haltung, die unser ganzes Wesen betrifft: Herz, Wille und Verstand.

«‹Liebe den Herrn, deinen Gott, von ganzem Herzen, mit ganzem Willen und mit deinem ganzen Verstand!› [Und:] ‹Liebe deinen Mitmenschen wie dich selbst!›»

Matthäus 22,37–39

Wer in der Liebe lebt, lebt in Gott und Gott lebt in ihm.

1. Johannes 4,16

Und Gott segnete die Menschen und sagte zu ihnen: «[...] Ich setze euch über die Fische im Meer, die Vögel in der Luft und alle Tiere, die auf der Erde leben, und vertraue sie eurer Fürsorge[12] an.» [...]

[Und Gott] übertrug [den Menschen] die Aufgabe, den Garten zu pflegen und zu schützen.

1. Mose 1,28 und 2,15

Der Theologe Timothy Keller sagt dazu:

Der christliche Gott muss keine anderen Wesen erschaffen, um Liebe und Verehrung zu empfangen. Er hat all das bereits in sich selbst. [Laut dem christlichen Glauben] hat Gott uns nicht erschaffen, um die Freude gegenseitiger Liebe und Wertschätzung zu bekommen, sondern um sie mit uns zu teilen. [...] Gott hat uns erschaffen, damit wir «Teil des Zirkels» liebevoller und erfüllter Beziehungen werden, die er selbst bereits in sich hat.[13]

Timothy Keller

Das heißt: Gottes Absicht, uns zu erschaffen – sowie die Bestimmung für unser Leben –, wäre das Führen und Pflegen liebevoller Beziehungen: zu Gott, unseren Mitmenschen, den Tieren und der Natur.[14] Denn nur in Liebe könnten wir unsere wahre Erfüllung finden, unsere ursprüngliche Identität.

Ist das realistisch?

Die erwähnte Glücksstudie der Harvard University zeigt: Es gibt eine Vielzahl von Dingen, die uns Menschen glücklich macht – etwa Gesundheit, Geld oder ein guter Job. Es gibt aber nichts, was uns glücklicher macht als das Erleben liebevoller, harmonischer Beziehungen. Nichts beflügelt uns stärker als die glückliche Liebe zu einem Partner. Und nichts verleiht uns mehr Glück als die Zuneigung unserer Eltern und Freunde.[15]

Andererseits sind es vor allem Liebeskummer, Konflikte und Einsamkeit, die uns verzweifeln lassen. Studien zufolge tragen wir sogar Schaden davon, wenn wir isoliert von unseren Mitmenschen leben: Forscher der University of California und der Macquarie University haben gezeigt, dass soziale Isolation dieselben Areale des Gehirns aktiviert wie körperliche Schmerzen.[16] Das heißt: Einsamkeit tut im wahrsten Sinne des Wortes weh.

Es gibt auch Berichte, wonach Kaiser Friedrich II. im 13. Jahrhundert n. Chr. Experimente machte, bei denen man Säuglingen die emotionale Zuneigung verwehrte. Wenige Monate später waren die Säuglinge tot – und das, obwohl sie mit ausreichend Nahrung versorgt wurden. Das Ergebnis wird meist als Hinweis gedeutet, dass wir ohne emotionale Zuneigung nicht überleben können.[17]

Wir sind nicht darauf ausgelegt, ein Leben in Einsamkeit zu führen. Im Ursprung unserer Identität sind wir Beziehungswesen. Wir sind nur dann erfüllt, wenn wir in liebevollen Beziehungen leben.

Doch wenn die Liebe für uns so wichtig ist, warum verhalten wir uns dann trotzdem oft lieblos? Warum verletzen wir uns gegenseitig, obwohl wir dadurch unsere Beziehungen zerstören – und letztlich auch uns selbst schaden?

Warum gibt es in der Welt nicht nur Liebe und Gerechtigkeit, sondern auch so viel Leid und emotionale Zerbrochenheit? Wenn der christliche Glaube wahr wäre, müsste die Welt dann nicht anders sein?

Die Welt, wie sie sein sollte

Christen glauben, dass die Welt tatsächlich anders sein sollte. Sie glauben, dass ein Gott uns ursprünglich eine paradiesische Welt schenken wollte.

In dieser Welt – so die Annahme – wollte er uns alles geben, was wir für ein erfülltes Leben brauchen: ein ewiges Leben frei von Leid; einen Partner, der uns optimal ergänzt; eine sinnvolle, erfüllende Beschäftigung; eine wundervolle, harmonische Umgebung. Grundlage der Welt sollte eine auf Vertrauen basierende Beziehung zu Gott sein.

Die folgenden Stellen zeigen das. Ob sie wörtlich oder symbolisch gemeint sind, sei zunächst dahingestellt. Lassen Sie uns im ersten Schritt auf die eigentliche Grundaussage blicken.

> [Gott schuf] die Menschen nach seinem Bild, als Gottes Ebenbild schuf er sie und schuf sie als Mann und als Frau. Und Gott segnete die Menschen und sagte zu ihnen: «Seid fruchtbar und vermehrt euch! Füllt die ganze Erde und nehmt sie in Besitz! Ich setze euch über die Fische im Meer, die Vögel in der Luft und alle Tiere, die auf der Erde leben, und vertraue sie eurer Fürsorge[18] an.»
>
> Weiter sagte Gott zu den Menschen: «Als Nahrung gebe ich euch die Samen der Pflanzen und die Früchte, die an den Bäumen wachsen, überall auf der ganzen Erde.» […]

> Und Gott sah alles an, was er geschaffen hatte, und sah: Es war alles sehr gut. [...]
> Dann legte Gott im Osten, in der Landschaft Eden, einen Garten an. Er ließ aus der Erde alle Arten von Bäumen wachsen. Es waren prächtige Bäume und ihre Früchte schmeckten gut. Dorthin brachte Gott den Menschen, den er gemacht hatte. In der Mitte des Gartens wuchsen zwei besondere Bäume: der Baum des Lebens, dessen Früchte Unsterblichkeit schenken, und der Baum der Erkenntnis, dessen Früchte das Wissen verleihen, was für den Menschen gut und was für ihn schlecht ist. [...]
> Gott, der Herr, brachte also den Menschen in den Garten Eden. Er übertrug ihm die Aufgabe, den Garten zu pflegen und zu schützen. [...]
> [Und der Mann] freute sich [über seine Frau] und rief: «[...] Sie ist's! [...] Sie gehört zu mir [...].»
> Deshalb verlässt ein Mann Vater und Mutter, um mit seiner Frau zu leben. Die zwei sind dann eins, mit Leib und Seele.
> *1. Mose 1,27–31 und 2,8–24*

Wie gesagt: Ob die Stellen wörtlich gemeint sind, sei zunächst dahingestellt. Eines wird aber schon jetzt klar:

Christen glauben, dass es einen Gott gibt, der ursprünglich eine paradiesische Welt schaffen wollte: eine Welt, die vollkommen gut ist; eine Welt, die auf Liebe und Harmonie basiert.

Vielleicht könnte das erklären, warum wir Menschen nur dann erfüllt sind, wenn wir in liebevollen, harmonischen Beziehungen leben: weil wir auf Liebe und Harmonie angelegt sind – zumindest ursprünglich.

Doch falls dem so wäre, warum sind wir dann oft lieblos und ungerecht? Warum verhalten wir uns im Widerspruch zu unserer ursprünglichen Identität?

Mit anderen Worten: Wo liegt unser Problem?

Kapitel 7

Die Frage nach dem Ursprung allen Übels

Wo liegt unser Problem?

Das Leben könnte so schön sein – wenn wir es uns nicht selbst so schwer machen würden. Das gilt vor allem für das menschengemachte Leid.

Es ist schon paradox: Wir sehnen uns nach Liebe, sind aber nicht in der Lage, dauerhaft liebevolle Beziehungen zu führen. Wir fordern für uns Gerechtigkeit, sind aber selbst oft unfair und ungerecht. In den besten Familien, in den besten Freundschaften kommt es zu Streitigkeiten und Konflikten, zu Kränkungen und Verletzungen – sogar zu Zerwürfnissen. Grund sind oft menschliche Egoismen und Eitelkeiten.

Wie passt das zu den Ansichten des christlichen Glaubens?

Christen glauben, dass wir für ein Leben in Liebe und Harmonie angelegt sind. Warum verhalten wir uns dann nicht so?

Christen glauben, dass die Welt ursprünglich ein Paradies sein sollte. Warum gibt es dann nicht nur Liebe, sondern auch so viel Leid und emotionale Zerbrochenheit? Warum leben wir nicht im Paradies?

Der Zerbruch

Folgender Gedanke: Nehmen wir an, es gäbe ein Paradies; ein ewiges Leben in Liebe und Harmonie. Nehmen wir an, ein Gott würde uns das Angebot machen, im Paradies zu leben. Dann müssten wir die Freiheit haben, sein Angebot anzunehmen oder nicht. Denn Liebe ist nicht erzwingbar. Sie beruht auf Freiheit.

Das würde heißen: Falls ein Paradies existiert, müssten wir die Freiheit haben, dem Paradies zu entsagen. Wir müssten die Möglichkeit haben, auf das ewige Leben zu verzichten.

[…] In der Mitte des Gartens wuchsen zwei besondere Bäume: der Baum des Lebens, dessen Früchte Unsterblichkeit schenken, und der Baum der Erkenntnis, dessen Früchte das Wissen verleihen, was für den Menschen gut und was für ihn schlecht ist. […]

Gott, der Herr, brachte also den Menschen in den Garten Eden. [Er] sagte […] zu ihm: «Du darfst von allen Bäumen des Gartens essen, nur nicht vom Baum der Erkenntnis. Sonst musst du sterben.»

1. Mose 2,9 und 15–17

Ob die Stelle wörtlich gemeint ist, sei erneut dahingestellt. In jedem Falle zeigt sie:

Der erwähnte Baum wäre keine Einschränkung unserer Freiheit, im Sinne eines Verbots. Er wäre die Voraussetzung für unsere Freiheit, im Sinne einer Option. Denn erst durch den Baum hätten wir die Option, auf das ewige Leben zu verzichten – und irgendwann zu «sterben»[1], wie es oben heißt.

Doch warum sollten wir das tun? Warum sollten wir es ablehnen, ein Leben im Paradies zu führen; ein ewiges Leben in Harmonie?

Christen glauben an Folgendes:

Die Schlange[2] war das klügste von allen Tieren des Feldes, die Gott, der Herr, gemacht hatte. Sie fragte die Frau: «Hat Gott wirklich gesagt: ‹Ihr dürft die Früchte von den Bäumen im Garten nicht essen›?»

«Natürlich dürfen wir sie essen», erwiderte die Frau, «nur nicht die Früchte von dem Baum in der Mitte des Gartens. Gott hat gesagt: ‹Esst nicht davon, berührt sie nicht, sonst müsst ihr sterben!›»

«Nein, nein», sagte die Schlange, ‹ihr werdet bestimmt nicht sterben! Aber Gott weiß: Sobald ihr davon esst, werden euch die Augen aufgehen; *ihr werdet wie Gott sein und [selbst] wissen, was gut und was schlecht ist. Dann werdet ihr euer Leben selbst in die Hand nehmen können.*»

Die Frau sah den Baum an: [...] Sie nahm von den Früchten und aß. Dann gab sie auch ihrem Mann davon und er aß ebenso.

1. Mose 3,1–6

Vom erwähnten Baum zu essen, würde also bedeuten, sein Leben selbst in die Hand zu nehmen; sein Leben selbst zu bestimmen – frei von Gott.

Doch was ist damit gemeint? Und was ist daran so schlimm?

Über Freiheit und Erfüllung

Wie beschrieben, glauben Christen, dass wir Menschen einen Willen haben, dass wir eigene Entscheidungen treffen.[3] Sie glauben, dass wir für unser Handeln verantwortlich sind; mehr noch: dass ein Gott uns Verantwortung überträgt – für uns selbst, unsere Mitmenschen, die Tiere und die Natur.[4]

Der Baum könnte also nicht bedeuten, dass wir im Leben keine Verantwortung tragen oder nicht mündig sein sollen. Das wäre nicht stimmig. Der Baum müsste etwas anderes bedeuten. Doch was?

Folgender Gedanke: Nehmen wir an, das Paradies wäre ein Zustand, in dem wir voll und ganz glücklich sind; ein Zustand, in dem wir alles haben, was wir für ein erfülltes Leben brauchen.

Warum sollten wir dann vom Baum essen? Sprich: Warum sollten wir unser Leben selbst bestimmen – unabhängig von Gott?

Ein möglicher Vorteil: Wir könnten uns aussuchen, worin wir nach Erfüllung suchen. Wir könnten selbst festlegen, was uns im Leben wichtig ist, was für uns gut ist. Wir könnten uns freimachen von Gott, der eigene Herr über unser Leben sein.

Doch worin würden wir dann Erfüllung finden?

Viele Menschen suchen Erfüllung in einem Partner oder im Job oder im Geld – das heißt: in weltlichen Dingen. Lässt sich in weltlichen Dingen Erfüllung finden?

Christen sagen, dass wir die Welt zwar genießen sollen, dass wir uns an guten Dingen erfreuen sollen: an unserem Job, unseren Hobbys, unseren Freunden.[5] Sie sagen aber auch, dass weltliche Dinge uns nie vollkommen erfüllen – weil weltliche Dinge stets unvollkommen und vergänglich sind.[6]

Christen glauben: Nur Gott selbst ist vollkommen. Nur Gott selbst kann uns vollkommen erfüllen. Ob das stimmt, werden wir gleich noch prüfen.

Gott ist Liebe.

1. Johannes 4,16

[Gott] ist gerecht [...]

Psalm 145,17

[...] die Herrlichkeit des in sich vollkommenen Gottes [...]

1. Timotheus 1,11

[...] Von den [weltlichen Dingen], die ihr [...] verehrt, erwartet ihr neue Lebenskraft. Es wird eine bittere Enttäuschung für euch werden!

Jesaja 1,29

Die Folgen des Zerbruchs

Wie gesagt: Viele Menschen suchen Erfüllung in ihrem Partner. Das ist verständlich. Doch es kann zu Problemen führen. Ernest Becker, Pulitzer-Preisträger und Atheist, formuliert es wie folgt:

> Der moderne Mensch [...] muss immer noch wissen, dass sein Leben Bedeutung hat im großen Zusammenhang der Dinge. [...] Doch wenn man die Dinge, die einem Bedeutung geben, auf diese Welt beschränkt, dann [...] muss man sein Glück und seine Erfüllung auch in den Dingen dieser Welt finden. [...]
> Einer der ersten Wege, der dem modernen Menschen aufging, war [...] die romantische Lösung: [...] Die Selbstbestätigung, die der Mensch in seiner innersten Person braucht, sucht er nun in einem Liebespartner. Dieser wird zu einem göttlichen Ideal, das unser Leben ausfüllen soll. [...]
> Falls wir vergessen haben, wie sehr romantische Liebe vergöttert wird, bringen es uns Popsongs fortwährend ins Gedächtnis. Sie erzählen uns, dass der Liebhaber wie der «Frühling» ist, wie ein «Engel» mit «Augen wie Sternen», dass die Erfahrung der Liebe «göttlich» sein wird, wie der «Himmel selbst» usw. Diese Lieder spiegeln den menschlichen Hunger nach echter Erfahrung wider; die tiefe emotionale Sehnsucht des Menschen. [...]
> Doch was wollen wir erreichen, indem wir unseren Liebespartner in die Position Gottes heben? [...]
> Wir wollen loskommen von unseren Beschränkungen, von unseren Gefühlen der Nichtigkeit. Wir wollen uns rechtfertigen und wissen, dass unsere Existenz nicht umsonst ist. Wir wenden uns an unseren Liebespartner [...], um vollkommene Wertschätzung zu bekommen. [...]

> Es ist unnötig zu sagen, dass ein Partner das niemals bewirken kann. Der Liebende kann uns nicht [dauerhaft] ein kosmisches Heldengefühl verleihen. [...]
> Kein Wunder. Wie könnte ein menschliches Wesen jemals ein gottgleiches «Ein und Alles» sein für einen anderen Menschen? Keine menschliche Beziehung kann die Belastung der Vergötterung ertragen. [...]
> Wie sehr wir unseren Partner auch immer idealisieren oder vergöttern mögen, der Geliebte spiegelt unausweichlich irdischen Verfall und Unvollkommenheit wider. Da er aber zum Maßstab unseres eigenen Wertes geworden ist, fällt diese Unvollkommenheit auf uns zurück. [...]
> Das ist der Hauptgrund für so viel Bitterkeit, so viel Mangel an Geduld und für gegenseitiges Verurteilen in unserem alltäglichen Familienleben. [...]
> Wir bekommen einen realen Eindruck von unserem Partner, der weniger ist als das Grandeur und die Perfektion, die wir brauchen, um uns selbst davon zu sättigen.
>
> *Ernest Becker*[7]

Interessant ist, dass Becker von einer «Vergötterung» spricht; davon, dass wir weltliche Dinge «vergöttern». Mit der Folge, dass wir irgendwann enttäuscht werden.

Becker zeigt, dass wir eine Sehnsucht haben, die durch keinen Partner der Welt gestillt wird – weil ein Partner kein «gottgleiches Ein und Alles» sein kann.

Was bedeutet das konkret? Sollen wir unsere Sehnsüchte ausblenden, sie unterdrücken? Oder am Ende doch an einen Gott glauben? An ein Leben im Paradies? An ein Leben, das all unsere Sehnsüchte stillt?

Manche Menschen entscheiden sich wie folgt: Sie suchen Erfüllung nicht im Partner oder in anderen Menschen, sondern im Beruf – und definieren sich fast ausschließlich über

Geld und Erfolg. Eine Lebenseinstellung, die viele Gefahren birgt.

Jochen Mai, ehemaliger Ressortleiter bei der «Wirtschaftswoche», beschreibt das wie folgt:

Mein Haus, mein Auto, mein Job – für viele Menschen sind das wichtige Werte, über die sie sich definieren. Daran machen sie ihren Status, ihren Rang in der Gesellschaft fest. Natürlich steht es jedem frei, worüber er sich definiert. Aber in den aktuell turbulenten Zeiten, in denen solche Dinge leicht ins Wanken geraten, schwankt bei vielen dann auch das persönliche Selbstwertgefühl erheblich mit. Aus der Jobkrise wird mitunter eine veritable Persönlichkeitskrise, der Jobverlust avanciert zum Gesichtsverlust, zur gesellschaftlichen Blamage. [...]

Wiederholter Erfolg, jahrelanger Aufschwung, stetiges Wachstum – so glücklich einen Prosperität und Wohlstand machen können: Sie stellen auch eine Gefahr dar. [...]

Je mehr wir unseren Beruf zur Selbstverwirklichung nutzen, desto mehr avanciert er auch zu einem wesentlichen Gradmesser der Selbstbestätigung. Und das kann in die Irre leiten: kein Job, keine Selbstverwirklichung, kein Selbstwert. Endstation Sinnkrise. [...]

[Mehr noch:] «Im Zeitalter der Massenmedien vergleichen wir uns ständig mit dem Unvergleichlichen – und das spornt uns nicht an; das macht uns neidisch, träge, böse, missgünstig», sagt zum Beispiel Norbert Bolz, Medienprofessor an der TU Berlin im Wirtschaftswoche-Interview. Dahinter steckt nicht selten auch die Angst vor Ablehnung. Wir wollen wenigstens mithalten, um nicht hinterherzuhecheln. Aber letztlich tun wir genau das. Denn unser Selbstwert ist dabei maßgeblich abhängig vom Zuspruch anderer. Ein mehr als fragwürdiges Fundament. [...]

Wer sich ausschließlich über seinen Beruf, sein Gehalt oder seine Arbeitskraft definiert, setzt damit auf Werte, deren Bestand gerade in diesen Zeiten immer unsicherer wird.

Jochen Mai[8]

Eine destruktive Dynamik

Worauf wir unsere Hoffnung auch setzen: Wir werden früher oder später enttäuscht.

Unser Partner kann uns verletzen, im schlimmsten Falle verlassen; und irgendwann wird er sterben. Jede noch so gute Freundschaft kann zerbrechen, oft auf schmerzvolle Art und Weise. Unseren Reichtum können wir verlieren; unsere Gesundheit auch. Und wenn wir sehr schlau sind – oder sehr schön –, werden wir im Alter enttäuscht sein. Denn auch unser Körper ist vergänglich.

Das heißt nicht, dass wir uns auf weltliche Dinge nicht einlassen sollen, dass wir uns an schönen Dingen nicht erfreuen dürfen. Im Gegenteil.

Das Problem beginnt dann, wenn wir weltliche Dinge vergöttern, unser Seelenheil von ihnen abhängig machen, unser Herz ganz an sie binden. Wenn wir zum Beispiel sagen:

Nur wenn ich einen Partner habe, bin ich glücklich. Nur wenn ich ein Kind bekomme, ist mein Leben sinnvoll. Nur wenn ich Erfolg habe, bin ich wertvoll.

Das ist gefährlich. Warum?

Erstens: weil diese Dinge nicht kontrollierbar sind. Wir werden von ihnen abhängig: von unserem Partner, unserem Kinderwunsch, unserem Erfolg. Unser Glück steht und fällt mit ihnen, genau wie unser Selbstwert.

Zweitens: weil uns weltliche Dinge nicht dauerhaft erfüllen können – weil sie unvollkommen und vergänglich sind. Wir werden früher oder später enttäuscht.

Das Problem hat letztlich jeder von uns. Denn jeder von uns wird im Leben enttäuscht, vor allem von seinen Mitmenschen. Die Frage ist, wie wir damit umgehen.

Stellen wir uns vor, wir haben einen Partner, den wir lieben. Wir schmieden Zukunftspläne und sind glücklich. Doch irgendetwas stimmt nicht: Der Partner verhält sich seltsam. Er verliebt sich in jemand anderes. Er geht fremd. Er verlässt uns.

Stellen wir uns vor, wir werden hintergangen: von unserem Freund oder Bruder. Wir werden gemobbt oder gedemütigt, belogen oder betrogen, enterbt oder bestohlen.

Das sind keine Einzelfälle. Das gibt es jeden Tag. Weil Menschen egoistisch sind.

Doch was bewirken sie damit? Was passiert mit uns, wenn wir enttäuscht werden?

Drei Reaktionen sind typisch.

Erstens: Wir werden verletzt. Je größer die Enttäuschung, desto schwerer die Verletzung. Im schlimmsten Fall erleiden wir ein Trauma. Wir werden krank. Wir können emotional zerbrechen.

Zweitens: Wir werden verärgert. Vor allem wenn wir sehr gerechtigkeitsbewusst sind. Wir fühlen uns zu Unrecht verletzt. Wir fragen uns, womit wir das verdient haben. Wir fordern Gerechtigkeit, hegen oftmals sogar Rachegedanken.

Drittens: Wir drohen zu verbittern. Der eine mehr, der andere weniger. Unser Ego ist gekränkt. Unser Stolz ist verletzt. Im schlimmsten Fall kann es zu Hass kommen, in jedem Fall aber zu Hartherzigkeit. Wir werden gefühlskalt, abgeklärt oder böse.

Es gibt noch eine vierte Reaktion: Wir könnten das Erlittene vergeben. Doch Vergebung ist schwer. Dazu kommen wir gleich.

So oder so wird jeder von uns enttäuscht. Und jeder von uns droht hartherzig zu werden. Weil die Menschen, an die wir unser Herz hängen, uns immer wieder verletzen. Weil die Dinge, auf die wir hoffen, uns nicht dauerhaft erfüllen.

Unsere Hartherzigkeit ist ein Grund, warum wir oft lieblos und ungerecht sind. Manche von uns sind eher eifersüchtig und neidisch, andere eher gehässig und arrogant, andere eher gefühlskalt und abgeklärt.

Wir lügen oder betrügen. Wir lästern oder mobben, beleidigen oder verleumden. Die Folge: Wir verletzen Vertrauen, zerstören Beziehungen, verhindern Liebe und Harmonie – genau das, was uns am meisten glücklich macht. Wir schädigen die Psyche unserer Mitmenschen – und schaden am Ende auch uns selbst.

Die Frage ist: Was können wir daran ändern? Sind wir verantwortlich für unser Handeln? Machen wir uns schuldig? Oder sind wir nur Opfer, weil wir von anderen Menschen verletzt werden?

Über Schuld und Verantwortung

Einerseits gibt es Menschen, die sich bewusst gegen das Gute entscheiden[9] – und dadurch böse werden: Entführer und Vergewaltiger, Mörder und Kriegsverbrecher. Sadisten, die Lust verspüren, wenn sie anderen Menschen Leid antun.

Andererseits gibt es Menschen, die versuchen, nach dem Guten zu streben: nach Glück und Erfüllung, nach Liebe und Harmonie. Doch wenn sie «vom erwähnten Baum essen» – wenn sie nur in weltlichen Dingen nach Erfüllung suchen –, dann ist es kein Wunder, dass sie enttäuscht und verletzt werden.

Diese Verletzungen sind keine Entschuldigung. Sie rechtfertigen nicht, dass wir anderen Menschen schaden. Erstens, weil es realitätsfern und kurzsichtig ist, seine Erfüllung nur in weltlichen Dingen zu suchen – wenn wir ehrlich sind, dann wissen wir das.[10] Zweitens, weil jeder Mensch ein Gewissen hat.[11] Jeder Mensch weiß, dass Liebe und Gerechtigkeit gut sind. Trotzdem sind wir oft lieblos und ungerecht. Weil wir unser Gewissen verdrängen – aus egoistischen Motiven. Wir sind verantwortlich für unser Handeln.[12]

Die Welt ist nicht schwarz-weiß: Es gibt keine Menschen, die nur gut sind, und keine, die nur böse sind. Niemand ist voll und ganz gut. Jeder ist egoistisch. Jeder verdrängt sein Gewissen. Jeder hat böse Gedanken. Und jeder ist zu Bösem fähig – der eine mehr, der andere weniger. Grund dafür ist unsere Hartherzigkeit.

Alexander Solschenizyn, russischer Literatur-Nobelpreisträger, formulierte es wie folgt:

> [Die] Grenze zwischen Gut und Böse verläuft nicht zwischen Staaten, Klassen oder Parteien, sondern quer durch das Herz eines jeden Menschen.
>
> *Alexander Solschenizyn*[13]

Idealistische Weltanschauungen, wie der Humanismus, liegen hier also falsch. Sie nehmen an, dass der Mensch von Grund auf gut ist – oder sich aus eigener Kraft zum Guten entwickelt.[14] Die Realität zeigt etwas anderes.

Wie sehr wir uns auch bemühen: Wir schaffen es nicht, auf Dauer liebevoll und gerecht zu sein. Wir verletzen Menschen, fügen ihnen Schaden zu – und laden im Laufe des Lebens Schuld auf uns.

Das ist schon seit Jahrtausenden so. Der Glaube, dass die Menschheit sich moralisch höherentwickelt, ist Illusion.

Imre Kertész, jüdischer Nobelpreisträger für Literatur, brachte es wie folgt auf den Punkt:

> Ich habe im Holocaust die Situation des Menschen erkannt, die Endstation des großen Abenteuers, an der der europäische Mensch nach zweitausend Jahren ethischer und moralischer Kultur angekommen ist. […]

Das wirkliche Problem Auschwitz besteht darin, dass es geschehen ist und dass wir an dieser Tatsache mit dem besten, aber auch mit dem schlechtesten Willen nichts ändern können.

Imre Kertész[15]

Mehr noch: dass sich der Holocaust sogar wiederholen könnte. Weil sich die menschliche Natur nicht grundlegend geändert hat. Weil wir noch immer egoistisch und hartherzig sind.

Was heißt das konkret? Sind wir dem Bösen ausgeliefert – in der Welt und in uns selbst? Oder gibt es Hoffnung, dass das Böse besiegt wird? Dass die Menschheit in Frieden und Harmonie lebt? Dass wir eines Tages glücklich und erfüllt sind?

Die Suche nach einer Lösung

Im Grunde ist es tragisch: Es gibt nichts, was uns im Leben glücklicher macht als Liebe und Harmonie.[16] Und es gibt nichts, was wir im Leben öfter zerstören als Liebe und Harmonie.

Gibt es dafür eine Lösung? Drei Ansätze:

Erstens: Man könnte versuchen, den menschlichen Egoismus zu zähmen. Zum Beispiel durch Gesetze, die egoistisches Verhalten sanktionieren; die eine Strafe vorsehen, wenn wir anderen Menschen schaden.

Das Problem: Gesetze sind zwar hilfreich, aber sie werden gebrochen. Sie können die menschliche Natur nicht grundlegend verändern. Sie packen das Problem nicht an der Wurzel.

Zweitens: Man könnte versuchen, die menschliche Hartherzigkeit zu heilen. Durch Therapien, die uns helfen, dass wir anderen Menschen vergeben; dass wir nicht nachtragend sind, wenn man uns verletzt oder Leid antut.

Das Problem: Manches Leid ist so grausam, dass Vergebung kaum möglich ist – zum Beispiel, wenn ein Mensch unser Kind ermordet. Man kann das Böse nicht ausmerzen durch Therapien, genau wie unsere Hartherzigkeit.

Drittens: Man könnte versuchen, die menschlichen Sehnsüchte zurückzustellen. Zum Beispiel durch Meditation, die uns von weltlichen Dingen ablenkt; die uns dabei hilft, dass wir inneren Frieden finden.

Das Problem: Wir können uns der Welt nicht entziehen. Wir können uns nicht isolieren von unseren Mitmenschen. Wir sind Gemeinschaftswesen.

Wie sollen wir inneren Frieden finden, solange wir ein Teil dieser Welt sind? Solange wir verletzt werden und andere verletzen? Solange wir uns schuldig machen, im Herzen Böses tragen?

Meditation kann sehr hilfreich sein – wenn sie uns ausgeglichener und achtsamer macht. Sie kann das Leid aber nicht auslöschen. Sie kann unsere Sehnsüchte nicht ausmerzen.

Die Lösung müsste viel weitreichender sein. Die Natur des Menschen müsste sich grundlegend verändern. Unser Egoismus müsste verschwinden. Unsere Hartherzigkeit müsste geheilt werden.

Doch wie sollte das funktionieren – solange wir in einer Welt leben, in der wir immer wieder verletzt werden?

Ein grundlegend anderer Ansatz

Folgender Gedanke:

Wenn wir eine Sehnsucht haben, die durch nichts in der Welt gestillt wird, läge es dann nicht nahe, dass diese Sehnsucht nicht von dieser Welt stammt? Dass sie darauf ausgelegt ist, in einer gänzlich anderen Welt gestillt zu werden?[17]

Christen glauben, dass dem so ist – wobei sie diese «andere Welt» als Paradies bezeichnen.[18] Christen glauben, dass wir Menschen die Möglichkeit haben, nach dem Tod im Paradies zu leben. Nicht wie im Islam, wo gläubigen Männern mehrere Jungfrauen versprochen werden.[19] Auch nicht wie im Judentum, wo man einen Messias erwartet, der für Weltfrieden sorgt.[20]

Christen glauben an ein Paradies, das anders ist: an ein Leben in ewiger Gemeinschaft mit Gott, an ein Leben in vollkommener Liebe und Gerechtigkeit, an ein Leben, das all unsere Vorstellungen übersteigt.[21]

Falls dem so wäre, könnte das womöglich eine Lösung sein: für unsere unerfüllten Sehnsüchte, für unsere täglichen Verletzungen, für unsere Suche nach dem Sinn und Ziel des Lebens.

Es gibt aber drei Probleme.

Erstens: Der Glaube an das Paradies könnte eine Erfindung sein – eine Wunschvorstellung oder «Opium des Volkes».[22] Wenn wir trotzdem darauf hoffen, könnte die Enttäuschung noch viel größer sein. Wir sollten daher prüfen, ob diese Hoffnung realistisch ist.

Zweitens: Nehmen wir kurz an, ein Paradies wäre möglich; eine Welt voller Liebe und Harmonie. Wie sollte das Paradies dann realisierbar sein, solange wir egoistisch und hartherzig sind? Würden wir nicht immer wieder Leid anrichten; das Paradies zerstören? Wenn, dann müsste unsere Hartherzigkeit geheilt werden. Aber wie?

Drittens: Nehmen wir kurz an, ein guter Gott würde existieren; ein Gott, der liebevoll und gerecht ist. Wie würde er dazu stehen, dass wir in der Welt so viel Leid verursachen?

Ein Gott, der liebevoll ist, würde uns vermutlich vergeben, zumindest wenn wir unsere Taten bereuen. Er würde uns das ewige Leben schenken. Denn Liebe sucht nach Versöhnung.

Ein Gott, der gerecht ist, würde uns vermutlich zur Rechenschaft ziehen, unsere Taten bestrafen. Alles andere wäre ungerecht, vor allem gegenüber den Opfern des von uns verursachten Leids.

Das Problem ist: Wenn wir bestraft werden, würde uns die Strafe nicht heilen. Sie würde uns verhärten, vielleicht sogar zerstören. Ein Leben im Paradies wäre anschließend unmöglich.

Das Dilemma ist: Der christliche Gott soll angeblich beides sein: liebevoll und gerecht. Das würde bedeuten, dass er am Ende auch beides tut: vergeben und bestrafen. Das klingt aber nicht logisch. Wie sollte ein Gott unsere Taten gleichzeitig vergeben und bestrafen?

Christen glauben, dass es für das Problem eine Lösung gibt. Sie glauben, dass ein Gott unsere Taten gleichzeitig vergeben und bestrafen kann – auf eine Weise, die wir unbeschadet überstehen können und die unsere Hartherzigkeit ein für alle Mal heilt.

Was ist damit gemeint? Kann dieser Glaube wahr sein? Gibt es berechtigte Hoffnung auf ein Paradies?

Kapitel 8

Der Konflikt zwischen Liebe und Gerechtigkeit

Sind wir noch zu retten?

Viele Menschen sehnen sich nach einer heilen Welt; nach Liebe und Harmonie, nach Frieden und Gerechtigkeit – letztlich nach einem Paradies.

Sind diese Menschen naiv? Oder ist ihre Sehnsucht berechtigt?

Sicher ist: Wir könnten ein Paradies nicht selbst erschaffen. Wir stünden uns dabei im Weg: mit unserer Hartherzigkeit, unserem Egoismus, unseren Streitigkeiten und Konflikten, unserer Eifersucht und Arroganz. Oder weltweit gesehen: mit unserer Umweltzerstörung, unserer Ausbeutung und Korruption, unseren Kriegen und Völkermorden.

Wenn, dann könnte ein Paradies nur von Gott kommen. Von einem Gott, der liebevoll und gerecht ist; der eine Welt voller Liebe und Gerechtigkeit schafft.

Wie sollte das gehen? Eine Welt voller Liebe, solange wir hartherzig sind? Eine Welt voller Gerechtigkeit, solange es Unrecht gibt? Solange es Verbrecher gibt, die ungestraft davonkommen? Solange es Opfer gibt, die unter dem Unrecht zu leiden haben?

Ein Paradies sähe anders aus.

Gerechtigkeit und Gericht

Für Gerechtigkeit sorgen normalerweise Gerichte, zumindest in einem Rechtsstaat.[1] Das heißt: Wenn jemand unrecht tut, wird er vor Gericht zur Rechenschaft gezogen. Hält man ihn für schuldig, wird er am Ende bestraft.

Die Gründe dafür sind vielfältig: Das Volk soll vor dem Täter geschützt werden. Andere Täter sollen abgeschreckt werden. Die Ordnung im Staat soll gesichert werden.[2]

Und: Gerechtigkeit soll wiederhergestellt werden. Indem ein gerechter Schuldausgleich erfolgt: durch eine Strafe, die die Schuld des Täters aufwiegt. Das heißt: Je schwerer die Tat – und je größer die Schuld –, desto höher die Strafe.[3]

Opfer können dadurch Genugtuung erfahren – oder zumindest Trost finden. Weil sie erkennen, dass die Wahrheit ans Licht kommt; weil sie erleben, dass Gerechtigkeit durchgesetzt wird.

Doch was ist eine gerechte Strafe?

Nehmen wir an, wir verschulden einen Autounfall; wir verletzen einen Menschen. Wäre es gerecht, wenn wir eine Strafe von 10.000 Euro zahlen? Oder 15.000 Euro? Wie viel Geld wiegt die Verletzung eines Menschen auf – vor allem, wenn sie zu bleibenden Schäden führt?

Wie sieht es im Falle von Mobbing aus? Wenn ein Mensch über Jahre hinweg durch Mobbing geschädigt wird; wenn man ihn quält, ihm die Freude am Leben nimmt. Wäre es gerecht, wenn man eine fünfstellige Geldstrafe zahlt? Könnte das den Schmerz des Mobbing-Opfers aufwiegen?

Was ist bei Vergewaltigung – wenn das Opfer für den Rest seines Lebens traumatisiert wird? Wäre es gerecht, wenn der Täter für einige Jahre ins Gefängnis kommt? Wäre es gerecht, wenn er anschließend freikommt und seine Schuld als beglichen gilt?

Was ist mit Mördern und Kriegsverbrechern? Wenn ein Diktator den Tod von zwölftausend Menschen verschuldet; wie sähe die gerechte Strafe aus?

Gerecht wäre es, wenn der Diktator ebenfalls zwölftausend Tode stirbt; wenn seine Angehörigen dieselben psychischen Qualen erleiden wie die Angehörigen seiner Opfer.[4]

Doch diese Strafe ist nicht umsetzbar. Sie wäre sogar inhuman; so makaber das für die Angehörigen der Opfer klingen mag. Selbst eine lebenslange Freiheitsstrafe – oder die in manchen Ländern zugelassene Todesstrafe – würde der gerechten Strafe nicht annähernd entsprechen.

Genau genommen gibt es auf Erden keine Gerechtigkeit, zumindest keine vollkommene. Es gibt zwar Gerichtsstrafen, die der Gerechtigkeit nahekommen. Doch keine Strafe der Welt kann das Leid aller Opfer aufwiegen, geschweige denn wiedergutmachen.

Das betrifft nicht nur Mord und Totschlag, sondern letztlich alle Vergehen: Mobbing und Lästereien, Gehässigkeiten und Arroganz, Beleidigungen, Neid und Intrigen.

Jeder von uns verletzt seine Mitmenschen. Jeder von uns macht sich schuldig. Und jeder von uns müsste eigentlich bestraft werden – zumindest, wenn sich Gerechtigkeit durchsetzen soll; wenn unsere Sehnsucht nach Gerechtigkeit gestillt werden soll; wenn es ein Paradies geben soll, in dem völlige Gerechtigkeit herrscht.

Viele von uns glauben vor allem deshalb nicht an Gott, weil es in der Welt so viel Ungerechtigkeit gibt. Die Logik: Gäbe es einen Gott, der gerecht ist, müsste er doch eigentlich für Gerechtigkeit sorgen. Er müsste das Unrecht in der Welt bestrafen,[5] den Opfern von Leid zu ihrem Recht verhelfen.

Der Theologe Miroslav Volf sagt dazu:

Wenn man Gerechtigkeit und Wahrheit aussetzt, kann man die Welt nicht retten. [...] Die Welt wird für immer verkehrt bleiben, das Leid der Opfer wird für immer zum Himmel schreien.

Es kann keine Erlösung geben, solange die Wahrheit über die Welt nicht ausgesprochen und Gerechtigkeit nicht durchgesetzt ist. [...] Ein Gott, der angesichts des Unrechts in der

Welt nicht empört ist, wäre ein Komplize der Ungerechtigkeit, Täuschung und Gewalt.

Miroslav Volf[6]

Das heißt: Ein Gott, der das Unrecht nicht bestraft, wäre ein Gott, der dem Unrecht freien Lauf lässt; ein Gott, der die Opfer von Leid nicht beschützt. Er wäre nicht nur ungerecht, sondern auch lieblos.

Das Problem: Wenn ein Gott uns gerecht bestrafen würde, wäre er ebenfalls lieblos.[7] Denn die Strafe würde uns nicht heilen, sondern schaden, vielleicht sogar zerstören. Ein Leben in Liebe und Harmonie wäre anschließend unmöglich.

Ein Gott, der hingegen liebevoll ist, würde uns vermutlich vergeben. Er würde uns das ewige Leben schenken. Doch wäre das gerecht gegenüber den Opfern des von uns verursachten Leids? Wäre es gerecht, wenn wir ungestraft davonkämen?

Ein Gott, der beansprucht, beides zu sein – gerecht und liebevoll –, müsste genau genommen beides tun: bestrafen und vergeben. Erst dann könnte es ein Paradies geben, in dem nicht nur Liebe, sondern auch Gerechtigkeit herrscht.

Doch wie sollte das möglich sein? Wie sollte ein Gott unsere Taten gleichzeitig vergeben und bestrafen? Wie sollte er uns heilen und zugleich für Gerechtigkeit sorgen?

Christen glauben, dass es für das Problem eine Lösung gibt. Die Frage ist, ob diese Lösung realistisch ist – und ob es berechtigte Hoffnung auf ein Paradies gibt.

Von Weihnachten und anderen Geschichten

Die Lösung, an die Christen glauben, hat mit Weihnachten und Ostern zu tun – genauer: mit der Weihnachts- und Ostergeschichte. Um diese zu prüfen, müssen wir sie zunächst verstehen:

Wie erwähnt, glauben Christen, dass Gott zwar nur *ein* Wesen ist, dass seine Göttlichkeit aber *drei* Personen umfasst: den göttlichen Vater, den göttlichen Sohn und den göttlichen Geist. Diese Personen – so die Annahme – bilden seit jeher eine göttliche Einheit, weil sie in vollkommener Liebe und Gerechtigkeit miteinander leben.[8]

Im christlichen Glauben wird nun angenommen, dass vor etwa 2000 Jahren etwas Einmaliges geschehen ist: Der göttliche Sohn soll auf seine göttliche Gemeinschaft verzichtet haben, um in der Person «Jesus von Nazareth» auf die Erde zu kommen.

Christen glauben, dass Jesus zwar einen menschlichen Körper hatte, dass seine Identität aber göttlich war. So wird behauptet, dass er «vom Heiligen Geist erfüllt» war – und dass er als einziger Mensch frei von Schuld blieb.

«[Maria,] du wirst schwanger werden und einen Sohn gebären. Dem sollst du den Namen Jesus geben. […] Gottes Geist wird über dich kommen, seine Kraft wird das Wunder vollbringen. Deshalb wird auch das Kind, das du zur Welt bringst, heilig und Sohn Gottes genannt werden.» […]

[Maria] gebar ihren Sohn, den Erstgeborenen, wickelte ihn in Windeln und legte ihn in eine Futterkrippe im Stall. Denn in der Herberge hatten sie keinen Platz gefunden.

Lukas 1,31–35 und 2,7

Vom Heiligen Geist erfüllt, ging Jesus vom Jordan weg.

Lukas 4,1

[…] Jesus Christus, den Gerechten, der ohne Schuld ist.

1. Johannes 2,1

Dass eine Person namens Jesus von Nazareth gelebt hat, daran haben Historiker keine Zweifel – dazu später mehr.[9] Die entscheidende Frage ist, ob dieser Jesus nur ein Mensch war – oder ob er auch göttlich war.

Christen, die an die Göttlichkeit Jesu glauben, bezeichnen Jesus von Nazareth als «Jesus Christus». Der Begriff «Christus»[10] (übersetzt: Gesalbter) leitet sich aus dem Griechischen ab und wird für göttliche oder von Gott bevollmächtigte Personen verwendet. Das hebräische Wort für Christus lautet eingedeutscht «Messias».[11]

Ob Jesus von Nazareth Jesus Christus war, werden wir gleich noch prüfen. Sicher ist: Falls dem so wäre, hätte sein Leben eine große Bedeutung für das menschliche Dasein.

Der Journalist Philip Yancey schreibt:

> Gott, der kein Vorher und kein Nachher kennt, trat [laut dem christlichen Glauben] in Raum und Zeit. Gott, der keine Beschränkungen kennt, schlüpfte [durch seinen Sohn] in den schockierend kleinen Körper eines Säuglings, in die bedrohlichen Begrenzungen der Sterblichkeit. […]
>
> [Sollte die Weihnachtsgeschichte wahr sein, so ist es] eine Geschichte wie keine andere. Niemals müssen wir uns dann noch fragen, ob das, was hier auf diesem kleinen, zerschlissenen Tennisball von Planeten geschieht, irgendeine Bedeutung hat für den Rest des Universums.
>
> *Philip Yancey*[12]

Die Frage ist also: Wer war Jesus von Nazareth wirklich? Was ist vor etwa 2000 Jahren geschehen? Und welche Bedeutung hat all das für unsere heutige Welt und unser heutiges Leben?

Lassen Sie uns zunächst auf die Sichtweise von Christen blicken – und anschließend prüfen, was nicht-christliche Historiker dazu sagen.

Die Geschichte von Jesus von Nazareth

Christen glauben, dass Jesus in der Gegend des heutigen Israels lebte und ein Prediger jüdischer Abstammung war. Wie erwähnt, erwarteten die Juden damals tatsächlich einen Messias;[13] wobei sie genaue Vorstellungen hatten, welche Eigenschaften der Messias zu erfüllen hat:

Er sollte ein mächtiger weltlicher Herrscher sein, der die Gegner der Juden gerecht bestraft. Zudem sollte er die Juden für ihre Gesetzestreue gerecht belohnen – indem er ihnen ein Leben in Frieden und Harmonie schenkt.[14]

Christen glauben, dass Jesus tatsächlich beanspruchte, der Messias zu sein. Doch von der Mehrheit der Juden wurde er als solcher nicht anerkannt – weil er die jüdischen Messias-Erwartungen nicht erfüllte:

Christen glauben, dass Jesus aus einfachen Verhältnissen kam, Zimmermann war und eine weltliche Herrschaft ablehnte. Er soll die Gegner der Juden nicht bestraft haben, sondern sich für Außenseiter, Unterdrückte und Kranke engagiert haben. Zudem soll er die führenden Juden beschuldigt haben, sich der eigenen Frömmigkeit und Gerechtigkeit zu rühmen, in Wirklichkeit aber oft selbstgerecht und scheinheilig zu sein.

[Die Leute sagten: «Ist Jesus] nicht der Zimmermann, der Sohn von Maria […]?» Darum wollten sie nichts von ihm wissen.
Markus 6,3

[Aber] Jesus sagte: «Mein Königtum stammt nicht von dieser Welt. […] Nein, mein Königtum ist von ganz anderer Art!»
Johannes 18,36

Als Jesus dann zu Hause zu Tisch saß, kamen viele Zolleinnehmer und andere, die einen ebenso schlechten Ruf hatten, um mit ihm und seinen Jüngern zu essen. Die [jüdischen] Pharisäer sahen es und fragten die Jünger: «Wie kann euer Lehrer sich mit den Zolleinnehmern und ähnlichem Volk an einen Tisch setzen?» Jesus hörte es und antwortete: «Nicht die Gesunden brauchen den Arzt, sondern die Kranken!»

Matthäus 9,10–12

[Zu den jüdischen Gesetzeslehrern sagte Jesus:] «Von außen hält man euch für fromm, innerlich aber steckt ihr voller Heuchelei und Ungehorsam gegen Gott. Weh euch Gesetzeslehrern und Pharisäern! Ihr Scheinheiligen!»

Matthäus 23,28–29

Das bedeutet nicht, dass Jesus gegen Gesetze war – im Gegenteil. Christen glauben, dass Jesus die ursprünglichen Gesetze der Juden nicht in Frage stellte. Er soll aber gezeigt haben, wie diese zu verstehen und anzuwenden sind.

«[Aber] denkt nicht, ich sei gekommen, um das Gesetz [...] außer Kraft zu setzen. Ich bin nicht gekommen, um [es] außer Kraft zu setzen, sondern um [es] zu erfüllen und [ihm] volle Geltung zu verschaffen.»

Matthäus 5,17

[Ein jüdischer] Gesetzeslehrer stellte Jesus eine Falle. Er fragte ihn: «Lehrer, welches ist das wichtigste Gebot des Gesetzes?» Jesus antwortete: «‹Liebe den Herrn, deinen Gott, von ganzem Herzen, mit ganzem Willen und mit deinem ganzen Verstand!› Dies ist das größte und wichtigste Gebot. Aber gleich wichtig ist ein zweites: ‹Liebe deinen Mitmenschen wie dich selbst!› In diesen beiden Geboten ist alles zusammengefasst, was das Gesetz[15] [fordert].»

Matthäus 22,35–40

Eine von Jesu Hauptbotschaften soll also gewesen sein:
Wahre Gerechtigkeit zeigt sich nicht primär durch äußerliche Gerechtigkeit – durch die rigide Befolgung von Regeln und Gesetzen. Sie zeigt sich durch innerliche Gerechtigkeit – in Form echter Liebe gegenüber Gott und den Mitmenschen.

Diese von Herzen kommende Liebe könne dann auch zu Gesetzestreue führen, etwa in Form der Zehn Gebote.[16] Aber nicht um des Gesetzes willen, sondern um der Liebe willen. Nicht aus Zwang, sondern aus Freiheit.

Gleichzeitig soll Jesus betont haben, was die eigentliche Wurzel menschlichen Übels ist: die menschliche Hartherzigkeit. Aufgrund dieser Hartherzigkeit verhalte sich am Ende jeder Mensch egoistisch, lieblos oder ungerecht – mit der Folge, dass wir anderen Menschen schaden und sie verletzen.

> [Jesus sagte: «Aus] dem Herzen [des Menschen] kommen die bösen Gedanken und mit ihnen Mord, Ehebruch, Unzucht, Diebstahl, falsche Zeugenaussagen und Beleidigungen.»
> *Matthäus 15,19*

Unsere Hartherzigkeit sei auch der Grund, warum wir nicht im Paradies leben: weil wir es immer wieder zerstören würden. Zudem hätten wir das Paradies nicht verdient. Unsere Schuld sei zu groß; sie müsse beglichen werden. Alles andere wäre ungerecht.

Das Besondere: Christen glauben, dass Jesus eine Lösung anbot. Eine Lösung, die mit seiner eigenen Person zu tun hat.

> [Jesus sagte:] «Ihr werdet niemals in Gottes neue Welt kommen, wenn ihr seinen Willen nicht besser erfüllt als die Gesetzeslehrer und Pharisäer. […]
> [Wie] die Liebe eures Vaters im Himmel, so soll auch eure Liebe sein: vollkommen und ungeteilt.»
> *Matthäus 5,20 und 5,48*

[Die Jünger waren] entsetzt und fragten: «Wer kann dann überhaupt gerettet werden?» Jesus sah sie an und sagte: «Wenn es auf die Menschen ankommt, ist es unmöglich, aber für Gott ist alles möglich.»

Matthäus 19,25–26

Als Johannes am nächsten Tag Jesus auf sich zukommen sah, sagte er: «Seht dort das Opferlamm Gottes, das die Schuld der ganzen Welt wegnimmt.»

Johannes 1,29

Jesus antwortete: «Ich bin der Weg, denn ich bin die Wahrheit und das Leben. Einen anderen Weg zum [göttlichen] Vater gibt es nicht.»

Johannes 14,6

Was davon zu halten ist, werden wir noch prüfen. Feststeht: Falls Jesus das gesagt hätte, dürfte er die Menschen polarisiert haben – damals wie heute.

Selbst seine vertrautesten Anhänger, die zwölf «Apostel»[17] oder «Jünger», waren sich angeblich unsicher, was sie von Jesu Aussagen halten sollen. Dennoch seien sie ihm fast ausnahmslos treu geblieben – weil sie von seinen Worten und Taten fasziniert waren, vor allem von seiner Idee des ewigen Lebens.

[Viele Menschen sagten:] «Was [Jesus] da redet, geht zu weit! So etwas kann man nicht mit anhören!» […]

[Viele wandten sich] von ihm ab und wollten nicht länger mit ihm gehen. Da fragte Jesus die Zwölf: «Und ihr, was habt ihr vor? Wollt ihr mich auch verlassen?» Simon Petrus antwortete ihm: «Herr, zu wem sonst sollten wir gehen? Deine Worte bringen das ewige Leben. Wir glau-

ben und wissen, dass du der bist, in dem Gott uns begegnet.»
Johannes 6,60–69

Jesus nahm die Zwölf beiseite und sagte zu ihnen: «Hört zu! Wir gehen nach Jerusalem. Dort wird alles in Erfüllung gehen, was die Propheten über den Menschensohn geschrieben haben: Er wird den Fremden ausgeliefert werden, die Gott nicht kennen. Er wird verspottet und beleidigt und angespuckt werden. Sie werden ihn auspeitschen und töten, doch am dritten Tag wird er auferstehen.» Die Zwölf verstanden kein Wort. Was Jesus sagte, blieb ihnen verborgen; sie wussten nicht, wovon er sprach.
Lukas 18,31–34

Wie erwähnt, soll Jesus nicht nur gelehrt haben – über die menschliche Schuld, seinen Tod und das ewige Leben. Er soll sich auch intensiv für sozial Schwache, Unterdrückte und Kranke engagiert haben. So glauben Christen, dass Jesus viele Kranke auf wundersame Weise geheilt hat – mit der Folge, dass sich ihm immer mehr Menschen anschlossen.

Als die Sonne unterging, brachten alle Leute ihre Kranken zu Jesus, Männer und Frauen mit den verschiedensten Leiden. Jedem Einzelnen legte Jesus die Hände auf und heilte sie.
Lukas 4,40

Eine große Menge Menschen folgten [Jesus], weil sie seine Wunder an den Kranken gesehen hatten. […]
Johannes 6,2

Christen glauben, dass die wachsende Beliebtheit Jesu für die führenden Juden zu einem Problem wurde. Denn die Botschaft

Jesu war mit der Lehrmeinung vieler Juden nicht vereinbar – und ihren Anführern drohte ein erheblicher Machtverlust. Die führenden Juden sollen sich daher entschlossen haben, Jesus festzunehmen, ihn vor Gericht zu stellen und ihn zum Tode verurteilen zu lassen.

Die Pharisäer [...] sagten zueinander: «Da seht ihr doch, dass wir so nicht weiterkommen! Alle Welt läuft ihm nach!»
Johannes 12,19

[Die] führenden Priester und die Ältesten des Volkes [...] fassten den Beschluss, Jesus heimlich zu verhaften und umzubringen. «Aber auf keinen Fall darf es während des Festes geschehen», sagten sie, «sonst gibt es einen Aufruhr im Volk.»
Matthäus 26,3–5

[Judas kam] mit einem Trupp von Männern, die mit Schwertern und Knüppeln bewaffnet waren. Sie waren von den führenden Priestern, den Gesetzeslehrern und den Ratsältesten geschickt worden. [Sie packten] Jesus und nahmen ihn fest.
Markus 14,43–46

Sie brachten Jesus zum Obersten Priester. [...]
Die führenden Priester und der ganze Rat versuchten, Jesus durch Zeugenaussagen zu belasten, damit sie ihn zum Tod verurteilen könnten; aber es gelang ihnen nicht. [...]
Darauf fragte der Oberste Priester ihn: «Bist du Christus, der versprochene Retter, der Sohn Gottes?»
«Ich bin es», sagte Jesus. [...]
Da zerriss der Oberste Priester sein Gewand und sagte: «Was brauchen wir noch Zeugen? Ihr habt es selbst gehört, wie er Gott beleidigt hat. Wie lautet euer Urteil?» Einstimmig erklärten sie, er habe den Tod verdient. [...]

[Pontius] Pilatus […] gab den Befehl, Jesus mit der Geißel auszupeitschen und [ihn] zu kreuzigen.

Markus 14,53–64 und 15,15

Die Soldaten […] spuckten [Jesus] an [und] nagelten ihn ans Kreuz. […] Es war neun Uhr morgens, als sie ihn kreuzigten. Als Grund für seine Hinrichtung hatte man auf ein Schild geschrieben: «Der König der Juden!» […]

Die Leute, die vorbeikamen, schüttelten den Kopf und verhöhnten Jesus. […]

Um zwölf Uhr mittags verfinsterte sich der Himmel über dem ganzen Land. Das dauerte bis um drei Uhr. Gegen drei Uhr schrie Jesus: «Eloï, eloï, lema sabachtani?» – das heißt übersetzt: «Mein Gott, mein Gott, warum hast du mich verlassen?» […]

Jesus schrie laut auf und starb.

Markus 15,16–37

Was hat all das zu bedeuten?

Selbst wenn die Geschichte wahr wäre: Hätte sie Relevanz für unser Leben?

Die Bedeutung von Jesus von Nazareth

Ausgangspunkt war die Frage, ob es ein Paradies gibt: ein ewiges Leben in Liebe und Gerechtigkeit; ein Leben, das all unsere Sehnsüchte stillt.

Falls ja, dann könnten wir das Paradies nicht selbst erschaffen – weil wir oft hartherzig und egoistisch sind. Weil wir oft Leid verursachen und anderen Menschen schaden.

Wenn, dann bräuchte es einen Gott, der gut ist; der liebevoll und gerecht ist; der unsere Hartherzigkeit heilt und zugleich für Gerechtigkeit sorgt.

Der zentrale Widerspruch war:

Ein Gott, der sowohl gerecht als auch liebevoll ist, müsste zugleich bestrafen und vergeben. Doch wie sollte das möglich sein? Und welche Strafe wäre groß genug, um die menschliche Schuld ganz aufzuwiegen?

An dieser Stelle kommt Jesu angeblicher Kreuzestod ins Spiel:

Christen glauben, dass dieser Tod die Grundlage ist, damit ein Gott unsere Taten gleichzeitig vergeben und bestrafen kann – durch das Prinzip der *Stellvertretung*.

Was ist damit gemeint?

Christen glauben, dass Jesus bereit war, die Verantwortung für unsere Vergehen zu übernehmen und dafür *an unserer Stelle* bestraft zu werden. Christen glauben, dass Jesus bereit war, für die Begleichung unserer Schuld sein Leben zu opfern – damit wir ohne gerechte Bestrafung davonkommen können. Aus Liebe zu uns Menschen.

Doch was ist daran gerecht?

Die Logik ist: Wenn man das Unrecht aufaddiert, das wir in der Menschheitsgeschichte angehäuft haben – von allen Gehässigkeiten und Verletzungen bis hin zum Blutvergießen –, dann wäre eine unermesslich hohe Strafe nötig, um die menschliche Schuld zu begleichen. Nur ein Mensch, der selbst göttlich und unschuldig ist, könnte so unermesslich wertvoll sein, dass sein Tod das gesamte Leid und Unheil aufwiegt.

Das würde heißen: Alles Leid, das wir Menschen verursacht haben und zukünftig verursachen werden, wäre durch die Kreuzesstrafe Jesu abgegolten. Wir müssten mit keiner Bestrafung mehr rechnen. Gott könnte uns einfach nur vergeben. Denn unsere Strafe hätte bereits jemand anderes getragen.

Das heißt konkret: Gott könnte einerseits seiner Liebe treu bleiben – indem er uns vergibt und uns das ewige Leben schenkt. Er könnte andererseits seiner Gerechtigkeit treu bleiben – indem er unsere Vergehen durch Jesu Kreuzestod bestraft.

Voraussetzung wäre, dass wir die stellvertretende Begleichung unserer Schuld in Anspruch nehmen. Das heißt: Wir müssten ehrlich sein und unsere Vergehen bereuen – und zwar freiwillig. Denn Reue ist nicht erzwingbar.

Christen glauben:

Alle sind schuldig geworden und haben die Herrlichkeit verloren, in der Gott den Menschen ursprünglich geschaffen hatte. Ganz unverdient, aus reiner Gnade, lässt Gott sie vor seinem Urteil als gerecht bestehen – aufgrund der Erlösung, die durch Jesus Christus geschehen ist. Ihn hat Gott als Sühnezeichen aufgerichtet vor aller Welt. Sein Blut, das am Kreuz vergossen wurde, hat die Schuld getilgt – und das wird wirksam für alle, die es im Glauben annehmen.

Damit hat Gott seine *Gerechtigkeit* unter Beweis gestellt, nachdem er früher die Verfehlungen der Menschen ungestraft hingehen ließ, in der Zeit seiner Geduld. Ja, [...] Gott [...] verschafft seinem Rechtsanspruch Geltung und schafft selber die von den Menschen schuldig gebliebene Gerechtigkeit, und das für alle, die einzig und allein auf das vertrauen, was er durch Jesus getan hat.

Römer 3,23–26

Gott hat die Menschen so sehr *geliebt,* dass er seinen einzigen Sohn hergab.

Johannes 3,16

[...] Jesus Christus, den Gerechten, der ohne Schuld ist.

1. Johannes 2,1

[Jesus sagte:] «Niemand kann mir das Leben nehmen. Ich gebe es aus freiem Entschluss.»

Johannes 10,18

> Ihr wisst ja, was Jesus Christus, unser Herr, in seiner *Liebe* für euch getan hat.
>
> 2. Korinther 8,9

Sollte das stimmen, so wäre es der größtmögliche Liebes- *und* Gerechtigkeitsbeweis, den ein Gott für uns Menschen erbringen kann. Wobei dann die Frage wäre, was mit Menschen geschieht, die den christlichen Glauben nie kennenlernen. Dazu kommen wir noch.

Zunächst zur Ausgangsfrage: Gibt es berechtigte Hoffnung auf ein Paradies; auf ein Leben, das all unsere Sehnsüchte stillt?

Christen glauben, dass wir das Paradies nicht erschaffen können; dass wir es noch nicht einmal verdienen würden.

Wenn, dann müssten wir das Paradies geschenkt bekommen. Unsere Taten müssten vergeben werden. Unsere Schuld müsste beglichen werden. Unsere Hartherzigkeit müsste geheilt werden.

Christen glauben, dass dem so ist. Sie glauben, dass Gott uns das ewige Leben schenken wird – wenn wir unsere Taten bereuen und sein Versöhnungsangebot annehmen.

Die Botschaft vom geschenkten ewigen Leben wird als «Evangelium»[18] bezeichnet. Das Wort «Evangelium» stammt aus dem Griechischen und bedeutet «gute Nachricht» oder «frohe Botschaft».

> So lautet diese Botschaft: In Christus hat Gott selbst gehandelt und hat die Menschen mit sich versöhnt. Er hat ihnen ihre Verfehlungen vergeben und rechnet sie nicht an.
>
> 2. Korinther 5,19

> Gott aber schenkt uns unverdient, aus reiner Gnade, ewiges Leben durch Jesus Christus, unseren Herrn.
>
> Römer 6,23

Doch ist die Geschichte wahr oder ein Märchen?
Hat Jesus gelebt oder nicht? War Jesus göttlich oder nicht?
Hat sein Tod die erwähnte Bedeutung oder nicht?
Es könnte jeder behaupten, er sei der «Sohn Gottes». Und nur, weil die Bibel berichtet, dass Jesus Wunder vollbrachte, muss dies ja nicht der Wahrheit entsprechen.

Die christliche Hoffnung auf das Paradies steht und fällt daher letztlich mit der Frage, ob Jesus göttlich war oder nicht.

Kapitel 9

Der Glaube an das Unglaubliche

Was dürfen wir hoffen?

Interessant ist, dass der christliche Glaube oft missverstanden wird. Viele Menschen denken: Der christliche Glaube beschränkt sich auf die Zehn Gebote.[1] Wenn man sie hält, kommt man in den Himmel. Wenn nicht, kommt man in die Hölle.

Falls dem so wäre, müssten wir zwanghaft zahlreiche Gebote[2] befolgen, um einer göttlichen Bestrafung zu entgehen. Unser Leben wäre von Angst geprägt.

Doch der christliche Glaube ist anders. Er spricht von einem Gott, der nicht bestrafen, sondern vergeben will; der nicht zerstören, sondern heilen will. Er spricht von einem Gott, der uns angeblich so sehr liebt, dass er uns das ewige Leben schenken will – ein Leben in Liebe und Gerechtigkeit.

Voraussetzung wäre, dass dieser Gott auch für Gerechtigkeit sorgt: durch die stellvertretende Begleichung unserer Schuld; durch den Opfertod des göttlichen Sohnes. Erst dann könnte es ein Paradies geben, in dem nicht nur Liebe, sondern auch Gerechtigkeit herrscht.

Christen setzen ihre Hoffnung also auf Jesus. Doch ist es sinnvoll, seine Hoffnung auf eine «getötete Gottheit» zu setzen?

Über Hoffnung und Hoffnungslosigkeit

Christen glauben, dass nach dem Tod von Jesus eine große Hoffnungslosigkeit herrschte, zumindest unter seinen Anhängern.

Diese sollen gehofft haben, dass Jesus der erwartete Messias sei. Sie sollen gehofft haben, dass Jesus ihnen ein Leben in Frieden schenkt.

Doch Jesu Kreuzigung hätte eher das Gegenteil gezeigt: dass Jesus eine Person war, die sich als Messias ausgegeben hatte, in Wirklichkeit aber gedemütigt und getötet worden war.

Seine Anhänger hätten daher den Schluss ziehen müssen, dass sie sich in Jesus getäuscht haben; dass er nicht derjenige war, für den sie ihn hielten. Mehr noch: Als seine Weggefährten und Komplizen hätten auch sie sich nun stärker denn je vor den führenden Juden fürchten müssen.

> [Zwei], die zu den Jüngern von Jesus gehört hatten, [...] blickten ganz traurig drein, und der eine – er hieß Kleopas – sagte: «[Die] führenden Priester und die anderen Ratsmitglieder haben [Jesus] zum Tod verurteilt und ihn ans Kreuz nageln lassen. Und wir hatten doch gehofft, er sei der erwartete Retter, der Israel befreien soll!»
>
> *Lukas 24,13–21*

> [Viele], die früher mit Jesus zusammen gewesen waren [...], trauerten und weinten.
>
> *Markus 16,10*

> Es war Abend geworden an jenem Sonntag. Die Jünger waren beisammen und hatten aus Angst vor den führenden Juden die Türen abgeschlossen.
>
> *Johannes 20,19*

Eine solche Enttäuschung der Jünger wäre in der Geschichte der Menschheit nichts Einmaliges: Vor allem in der Zeit des Römischen Reiches, zwischen dem 8. Jahrhundert v. Chr. und dem 7. Jahrhundert n. Chr., traten immer wieder selbsternannte Messiasse auf, die im Rahmen von Messias-Bewegungen verehrt wurden. Ein Beispiel ist Simon bar Kochba.[3]

Entscheidend ist: Sobald eine Messias-Figur gestorben war, verschwand die jeweilige Messias-Bewegung in der Versenkung. Denn der Tod eines selbsternannten Messias galt als bester Beweis, dass die Person gerade *nicht* der erwartete Messias sein konnte, sondern ein gewöhnlicher Mensch – oder höchstens ein Prophet.

Nur ein einziges Mal in der Geschichte der Menschheit passierte nach dem Tod einer Messias-Figur das Gegenteil, und zwar im Falle von Jesus.[4] So zeigt die Realität, dass der christliche Glaube letztlich nicht in der Versenkung verschwand, sondern Bestand hatte und bis heute existiert.

Wie lässt sich das erklären? Wie kann es sein, dass der christliche Glaube die einzige Messias-Bewegung ist, die den Tod ihrer Messias-Figur verkraftete? Wie ist es möglich, dass der christliche Glaube sich dauerhaft im Römischen Reich behauptete?

Was nicht-christliche Historiker dazu sagen, werden wir gleich noch prüfen. Die Antwort von Christen ist: Der Tod von Jesus war nicht das Ende.

Hier ein ausführlicherer Auszug:

> Die Frauen, die zusammen mit Jesus aus Galiläa gekommen waren, […] gingen zum Grab [von Jesus]. Da sahen sie, dass der Stein vom Grabeingang weggerollt war. Sie gingen hinein, doch der Leichnam von Jesus, dem Herrn, war nicht mehr da.
>
> Während sie noch ratlos dastanden, traten plötzlich zwei Männer in strahlend hellem Gewand zu ihnen. Die Frauen fürchteten sich und wagten sie nicht anzusehen; sie blickten zu Boden.
>
> Die beiden sagten zu ihnen: «Was sucht ihr den Lebenden bei den Toten? Er ist nicht hier; Gott hat ihn vom Tod auferweckt! Erinnert euch an das, was er euch schon in Galiläa

gesagt hat: ‹Der Menschensohn muss den Menschen, den Sündern, ausgeliefert und ans Kreuz genagelt werden und am dritten Tag vom Tod auferstehen.›»

Da erinnerten sich die Frauen an seine Worte. Sie verließen das Grab und gingen zu den [Jüngern] und allen Übrigen, die bei ihnen waren, und berichteten ihnen alles. [...]

Als die Frauen den [Jüngern] sagten, was sie erlebt hatten, hielten die es für leeres Gerede und wollten ihnen nicht glauben.

Lukas 23,55 und 24,1–11

Am selben Tag gingen zwei, die zu den Jüngern von Jesus gehört hatten, nach dem Dorf Emmaus, das zwölf Kilometer von Jerusalem entfernt lag. Unterwegs unterhielten sie sich über alles, was geschehen war. Als sie so miteinander sprachen und alles hin und her überlegten, kam Jesus selbst hinzu und ging mit ihnen. Aber sie erkannten ihn nicht; sie waren wie mit Blindheit geschlagen.

Jesus fragte sie: «Worüber redet ihr denn so erregt unterwegs?»

Da blieben sie stehen und blickten ganz traurig drein, und der eine – er hieß Kleopas – sagte: «Du bist wohl der Einzige in Jerusalem, der nicht weiß, was dort in diesen Tagen geschehen ist?»

«Was denn?», fragte Jesus.

«Das mit Jesus von Nazareth», sagten sie. «Er war ein Prophet; in Worten und Taten hat er vor Gott und dem ganzen Volk seine Macht erwiesen. Unsere führenden Priester und die anderen Ratsmitglieder haben ihn zum Tod verurteilt und ihn ans Kreuz nageln lassen. Und wir hatten doch gehofft, er sei der erwartete Retter, der Israel befreien soll! Aber zu alledem ist heute auch schon der dritte Tag, seitdem dies geschehen ist! Und dann haben uns auch noch einige Frauen, die zu uns gehören, in Schrecken versetzt. Sie waren heute früh zu seinem Grab gegangen und fanden seinen Leichnam nicht mehr dort. Sie kamen zurück und erzählten, sie hätten Engel gesehen, die hätten ihnen gesagt, dass er lebt. Einige von uns sind gleich zum Grab gelaufen und haben alles so gefunden, wie es die Frauen erzählten. Nur ihn selbst sahen sie nicht.»

Da sagte Jesus zu ihnen: «Was seid ihr doch schwer von Begriff! Warum rafft ihr euch nicht endlich auf zu glauben, was die Propheten gesagt haben? Musste der versprochene Retter nicht dies alles erleiden und auf diesem Weg zu seiner Herrschaft gelangen?»

Und Jesus erklärte ihnen die Worte, die sich auf ihn bezogen, von den Büchern Moses und der Propheten angefangen durch die ganzen Heiligen Schriften.

Inzwischen waren sie in die Nähe von Emmaus gekommen. Jesus tat so, als wollte er weitergehen.

Aber sie ließen es nicht zu und sagten: «Bleib doch bei uns! Es geht schon auf den Abend zu, gleich wird es dunkel!»

Da folgte er ihrer Einladung und blieb bei ihnen. Als er dann mit ihnen zu Tisch saß, nahm er das Brot, sprach das Segensgebet darüber, brach es in Stücke und gab es ihnen. Da gingen ihnen die Augen auf und sie erkannten ihn. Aber im selben Augenblick verschwand er vor ihnen.

Sie sagten zueinander: «Brannte es nicht wie ein Feuer in unserem Herzen, als er unterwegs mit uns sprach und uns den Sinn der Heiligen Schriften aufschloss?» Und sie machten sich sofort auf den Rückweg nach Jerusalem. Als sie dort ankamen, waren die [Jünger] mit allen Übrigen versammelt und riefen ihnen zu: «Der Herr ist wirklich auferweckt worden!»

Lukas 24,13–34

[Plötzlich stand Jesus] selbst mitten unter ihnen. Er grüßte sie: «Frieden sei mit euch!»

Sie erschraken und fürchteten sich; denn sie meinten, einen Geist zu sehen.

Aber er sagte: «Warum seid ihr so erschrocken? Warum kommen euch solche Gedanken? Schaut mich doch an, meine Hände, meine Füße, dann erkennt ihr, dass ich es wirklich bin! Fasst mich an und überzeugt euch; ein Geist hat doch nicht Fleisch und Knochen wie ich!»

Während er das sagte, zeigte er ihnen seine Hände und seine Füße. Als sie es in ihrer Freude und Verwunderung noch immer nicht fassen konnten, fragte er: «Habt ihr etwas zu essen hier?»

Da gaben sie ihm ein Stück gebratenen Fisch, und er nahm es und aß es vor ihren Augen. Dann sagte er zu ihnen: «Als ich noch mit euch zusammen war, habe ich euch gesagt: ‹Alles, was im Gesetz, in den Schriften der Propheten und in den Psalmen über mich steht, muss in Erfüllung gehen.›»

Und er half ihnen, die Heiligen Schriften richtig zu verstehen. «Hier steht es geschrieben», erklärte er ihnen: «Der versprochene Retter muss leiden und sterben und am dritten Tag vom Tod auferstehen.»

Lukas 24,36–46

Christen glauben, dass Jesus noch vierzig Tage lang auf der Erde blieb, um Menschen davon zu überzeugen, dass er körperlich auferstanden war und dass es ein Leben nach dem Tod gibt. Zudem soll er seine Jünger damit beauftragt haben, sich auf friedlichem[5] Wege für das Gute in der Welt einzusetzen.[6]

[Jesus] ist am dritten Tag vom Tod auferweckt worden, wie es in den Heiligen Schriften vorausgesagt war, und hat sich Petrus gezeigt, danach dem ganzen Kreis der Zwölf. Später sahen ihn über fünfhundert [Menschen] auf einmal; einige sind inzwischen gestorben, aber die meisten leben noch. Dann erschien er Jakobus und schließlich allen Aposteln.

1. Korinther 15,4–7

Nun aber ist Christus vom Tod auferweckt worden, und als der erste Auferweckte gibt er uns die Gewähr, dass auch die übrigen Toten auferweckt werden.

1. Korinther 15,20

[...] Jesus [sagte] zu [seinen Jüngern]: «Frieden sei mit euch! Wie der [göttliche] Vater mich gesandt hat, so sende ich nun euch.»

Johannes 20,21

Anschließend soll Jesus die Erde wieder verlassen haben und in die göttliche Gemeinschaft zurückgekehrt sein – ein Ereignis, an das im christlichen Glauben an Christi Himmelfahrt gedacht wird, während die angebliche Auferstehung Jesu an Ostern gefeiert wird.

Zehn Tage später – so der Glaube – sendete Gott seinen Heiligen Geist auf die Erde, damit dieser eine Vertrauensbeziehung zwischen Gott und uns Menschen ermöglicht. So glauben Christen, dass wir Menschen nur dann auf die Existenz Gottes und auf die Göttlichkeit Jesu vertrauen können, wenn wir vom Heiligen Geist «erfüllt» sind.[7] Die Aussendung des Heiligen Geistes wird im christlichen Glauben an Pfingsten gefeiert.

[Jesus sagte:] «[Ihr] werdet mit dem Heiligen Geist erfüllt werden, und dieser Geist wird euch die Kraft geben, überall als meine Zeugen aufzutreten [...].»

Apostelgeschichte 1,8

Nachdem Jesus, der Herr, ihnen dies gesagt hatte, wurde er in den Himmel aufgenommen und setzte sich an die rechte Seite Gottes.
Markus 16,19

«[Zehn Tage später] gab es ein mächtiges Rauschen, wie wenn ein Sturm vom Himmel herabweht. Das Rauschen erfüllte das ganze Haus, in dem [die Jünger] waren. [...]
[Und alle] wurden vom Geist Gottes erfüllt [...].»
Apostelgeschichte 2,2–4

[Jesus sagte:] «Wie viel mehr wird der Vater im Himmel denen den Heiligen Geist geben, die ihn darum bitten.»
Lukas 11,13

Christen glauben, dass Jesu Anhänger die Botschaft von seiner Auferstehung und damit vom ewigen Leben nach dem Tod verbreiteten – im Römischen Reich und darüber hinaus.

Das Erstaunliche ist: Seine Anhänger sollen auch dann noch an dieser Botschaft festgehalten haben, als sie von den führenden Juden – und später von den Befehlshabern des Römischen Reiches – dafür verfolgt und lebensgefährlich bedroht wurden.

Diese Standhaftigkeit der Anhänger Jesu war angeblich der Grund dafür, dass der christliche Glaube entstehen, überleben und sich zunehmend ausbreiten konnte.

Während [die Apostel] Petrus und Johannes [...] zum Volk sprachen, traten ihnen die Priester mit dem Befehlshaber der Tempelwache und die Sadduzäer entgegen. Sie waren aufgebracht, weil die Apostel sich herausnahmen, das Volk zu lehren und am Beispiel von Jesus die Auferstehung der Toten zu verkünden. Darum nahmen sie die beiden fest und brachten sie bis zum nächsten Tag ins Gefängnis; es war nämlich schon Abend. [...]

Am nächsten Tag kamen in Jerusalem die führenden Priester, die Ratsältesten und die Gesetzeslehrer zusammen [...]

Sie [...] verboten [Petrus und Johannes] streng, die Botschaft von Jesus noch weiter in der Öffentlichkeit zu verbreiten und unter Berufung auf seinen Namen vor dem Volk als Lehrer aufzutreten. Aber Petrus und Johannes erwiderten ihnen: «[...] Wir können nicht verschweigen, was wir gesehen und gehört haben!»

Apostelgeschichte 4,1–20

[Die Mitglieder des jüdischen Rates] stürzten sich auf [den Christen] Stephanus und schleppten ihn vor die Stadt, um ihn zu steinigen. [...] Während sie ihn steinigten, bekannte sich Stephanus zu Jesus [...]. Dann fiel er auf die Knie und rief laut: «Herr, strafe sie nicht für diese Schuld!» Mit diesen Worten starb er. [...]

An diesem Tag begann für die [christliche] Gemeinde in Jerusalem eine harte Verfolgung. Alle, die zu ihr gehörten, zerstreuten sich über Judäa und Samarien; nur die Apostel blieben in Jerusalem zurück. [...]

Die über das Land zerstreuten Christen zogen umher und verkündeten die Botschaft Gottes.

Apostelgeschichte 7,57–8,4

So weit die Geschichte aus christlicher Sicht. Was sagen nichtchristliche Historiker dazu?

Hat Jesus gelebt? Wurde Jesus gekreuzigt? Ist Jesus auferstanden? Wie und wann ist der christliche Glaube entstanden?

Schon jetzt ist klar: Falls die Geschichte erfunden ist – vor allem die von Jesu Auferstehung –, wäre der christliche Glaube nicht haltbar. Denn die Hoffnung auf das ewige Leben steht und fällt mit der Frage, ob Jesus auferstanden ist oder nicht; ob er der Messias ist oder nicht.

Erstaunlicherweise wird das im christlichen Glauben sogar zugegeben:

> [Wenn] Christus nicht auferweckt worden ist, dann hat weder unsere Verkündigung einen Sinn noch euer Glaube. Wir wären dann als falsche Zeugen für Gott entlarvt; denn wir hätten gegen die Wahrheit bezeugt, dass er Christus vom Tod auferweckt hat [...]. Ist aber Christus nicht auferweckt worden, so ist euer ganzer Glaube vergeblich.
>
> *1. Korinther 15,14–17*

Eine historische Betrachtung

Laut Christen ist Jesus der bedeutendste Mensch aller Zeiten – so bedeutend, dass er die menschliche Zeitrechnung in zwei Abschnitte teilt: «vor Christus» und «nach Christus».[8]

Falls Jesus existiert hat, dann müssten auch außerbiblische Quellen von ihm berichten; dann müssten die Geschichtsschreiber des 1. Jahrhunderts auf ihn verweisen. Ist das der Fall?

Als wichtiger Historiker dieser Zeit gilt der Jude Flavius Josephus.[9] In seinem Werk «Antiquitates Judaicae» beschreibt er die Geschichte des jüdischen Volkes bis zum 1. Jahrhundert n. Chr. Dabei weist er tatsächlich auf eine Person namens Jesus hin:

> Zu dieser Zeit lebte ein Mann, der Jesus genannt wurde, einen guten Lebenswandel aufwies, als tugendhaft bekannt war und viele Leute von den Juden und von anderen Völkern als Jünger hatte. Pilatus hatte ihn zur Kreuzigung und zum Tode verurteilt, aber diejenigen, die seine Jünger geworden waren,

gaben seine Jüngerschaft nicht auf und erzählten, dass er ihnen drei Tage nach der Kreuzigung erschienen sei und lebe und daher der Messias sei [...].

Flavius Josephus[10]

Ein weiterer Historiker des 1. Jahrhunderts war der römische Senator Tacitus.[11] In seinem Werk «Annales» berichtet er ebenfalls von einer Person namens Christus:

Der Mann, von dem sich dieser Name herleitet, Christus, war unter der Herrschaft des Tiberius auf Veranlassung des Prokurators Pontius Pilatus hingerichtet worden.

Publius Cornelius Tacitus[12]

Weitere Erwähnungen finden sich bei Sueton[13], bei Plinius[14] sowie bei anderen antiken Geschichtsschreibern.[15] Sogar im Koran wird von Jesus berichtet.[16]

Einen Überblick über die historischen Quellen liefert Professor Markschies, Kirchenhistoriker und ehemaliger Präsident der Humboldt-Universität Berlin, in seinem Buch «Das antike Christentum».[17]

Historisch gesehen besteht also kein Zweifel, dass Jesus vor etwa 2000 Jahren gelebt hat.[18] Auch von seiner Hinrichtung um zirka 30 n. Chr. wird in den genannten Quellen berichtet.[19] Doch was ist mit der Auferstehung Jesu?

Wie erwähnt, schreibt der Historiker Josephus:

[Aber] diejenigen, die seine Jünger geworden waren, gaben seine Jüngerschaft nicht auf und erzählten, dass [Jesus] ihnen drei Tage nach der Kreuzigung erschienen sei und lebe [...].

Flavius Josephus[20]

Offensichtlich dachten die Jünger also wirklich, dass Jesus auferstanden sei. Doch hatten sie damit recht? Oder hatten sie sich geirrt? Oder hatten sie die Auferstehung gar erfunden?

Um das zu klären, müssen wir die damalige Situation verstehen:

Anders als oft angenommen, genoss der christliche Glaube im 1. Jahrhundert n. Chr. keine politische oder gesellschaftliche Unterstützung. Dies war erst ab dem 4. Jahrhundert n. Chr. der Fall, als Kaiser Konstantin der Große den damals verbotenen christlichen Glauben legalisierte und später sogar förderte.[21]

Im Gegensatz dazu herrschte im 1. Jahrhundert n. Chr. eine andere Situation: Historische Quellen zeigen, dass sich die ersten Christen nur wenige Tage lang frei entfalten und ihre Botschaft von Jesu Auferstehung verkünden konnten.[22]

So kam es schon wenige Wochen nach Jesu Tod zu ersten Verhören durch die führenden Juden. Und einige Jahre später setzte mit der Ermordung des Diakons Stephanus eine zunächst sporadische und später systematische Verfolgung der ersten Christen ein. König Herodes Agrippa I. ließ ab dem Jahr 44 n. Chr. zahlreiche Christen verfolgen und sie zwecks Hinrichtung festnehmen. Zudem wurde nach einigen Jahren auch der Bruder von Jesus getötet.[23]

Der Historiker Josephus schreibt:

> Hannas versammelte den Hohen Rat zum Gericht und stellte vor diesen den Bruder des Jesus, der Christus genannt wird, mit Namen Jakobus, sowie noch einige andere, die er der Gesetzesübertretung anklagte und zur Steinigung führen ließ.
>
> *Flavius Josephus*[24]

Ihren vorläufigen Höhepunkt fanden die Christenverfolgungen im Jahr 64 n. Chr., also gut dreißig Jahre nach Jesu Tod. Laut dem Historiker Tacitus beschuldigte Kaiser Nero damals zahlreiche Christen der Brandstiftung Roms und ließ sie trotz fehlender Beweise vor den Augen des Volkes hinrichten:

> [Kaiser Nero] verhaftete [...] eine riesige Menge [Christen]. Die Todgeweihten benutzte man zum Schauspiel: Man steckte sie in Tierfelle und ließ sie von Hunden zerfleischen, man schlug sie ans Kreuz oder zündete sie an und ließ sie nach Einbruch der Dunkelheit als Fackeln brennen.
> *Publius Cornelius Tacitus*[25]

Das heißt: Alle Menschen, die sich im 1. Jahrhundert n. Chr. zur Auferstehung Jesu bekannten, mussten mit Benachteiligungen rechnen und begaben sich in Lebensgefahr. Trotzdem hielten die meisten Christen an der Verkündigung dieser Botschaft fest. Als Folge davon konnte der christliche Glaube entstehen, überleben und sich zunehmend ausbreiten.

Wie ist es zu erklären, dass kurz nach Jesu Tod eine junge christliche Bewegung entstand, die vor Selbstbewusstsein, Energie und Zuversicht nur so strotzte? Wie ist es möglich, dass so viele Christen ihr Leben riskierten, um von der angeblichen Auferstehung Jesu zu berichten?

Wie ist das Verhalten der ersten Christen zu erklären?

Die Suche nach plausiblen Antworten

Menschen, die für ihren Glauben ihr Leben riskieren, gibt es viele, zum Beispiel die Märtyrer im Islam oder in anderen Glaubensrichtungen. Doch im 1. Jahrhundert war die Situation eine andere.

Die damaligen Christen sagten nicht, dass sie an Jesu Auferstehung *glaubten* – weil sie davon *gehört* oder *gelesen* hätten.

Sie meinten, dem auferstandenen Jesus *begegnet* zu sein, ihn mit eigenen Augen *gesehen* zu haben. Für diesen *Zeugenbericht* riskierten sie ihr Leben – nicht für einen Glauben.

Der Historiker Josephus schreibt:

> [Die damaligen Christen] erzählten, dass [Jesus] ihnen drei Tage nach der Kreuzigung *erschienen* sei und lebe [...].
> *Flavius Josephus*[26]

Was ist davon zu halten? Waren die Christen verrückt?

Wenn man die Möglichkeit ausschließt, dass Jesus auferstanden ist, bleiben nur drei Erklärungen:

Erklärung 1: *Die ersten Christen haben gelogen. Sie haben die Botschaft von Jesu Auferstehung erfunden.*

Grundsätzlich wäre das möglich – denn Menschen lügen. Sie tun es vor allem dann, wenn sie vom Lügen einen Vorteil haben. Doch welchen Vorteil hätten die Christen gehabt?

Sie hätten ihr Wunschdenken aufrechterhalten können. Sie hätten nicht zugeben müssen, sich in Jesus geirrt zu haben. Sie hätten ihr Gesicht wahren können.

Doch wäre das auch dann plausibel, wenn sie dadurch ihr Leben riskieren? Aufgrund einer Lüge, die sie bewusst erfunden haben – und die sie jederzeit hätten widerrufen können?

Wichtig ist: Das frühe Christentum war keine zentral geführte Sekte, keine Gruppierung mit einem mächtigen Guru. Im Gegenteil: Der christliche «Guru» war öffentlich gekreuzigt worden.

Ein Ausstieg aus diesem Glauben wäre jederzeit möglich gewesen. Er wäre sogar das Einfachste gewesen. Alle anderen Messias-Bewegungen hatten sich ja ebenfalls aufgelöst.

Trotzdem hielten die Christen an ihrer Botschaft fest. Sie riskierten dafür ihr Leben. Doch warum?

Erklärung 2: *Die ersten Christen haben sich geirrt. Sie haben nur fälschlicherweise geglaubt, dem auferstandenen Jesus begegnet zu sein.*

Theoretisch wäre das möglich. Doch was ist damit gemeint? Dass die Christen einer Person begegneten, die Jesus ähnlich sah? Dass sie Halluzinationen hatten? Dass sie ihren Verstand verloren?

Wie wahrscheinlich ist es, dass sich mehrere hundert Menschen teils unabhängig voneinander irrten und für diesen Irrtum ihr Leben riskierten?

Wenn man für eine Botschaft sein Leben riskiert, sollte man sich schon sehr, sehr sicher sein. Wie ist es zu erklären, dass die Christen sich so übermäßig sicher waren, dem auferstandenen Jesus begegnet zu sein?

Erklärung 3: *Die ersten Christen begegneten Jesus tatsächlich; aber nur, weil er seine Kreuzigung überlebt hatte.*

Auch das wäre prinzipiell möglich. Man sollte aber wissen, wie im Römischen Reich eine Kreuzigung verlief.

Die Kreuzigung war eine der grausamsten Hinrichtungsarten. Sie galt vor allem Sklaven und Aufständischen. Um sicherzustellen, dass ein Gekreuzigter tot war, musste sein Tod von mindestens zwei Soldaten bestätigt werden. Dazu wurde der Bauch des Gekreuzigten mit einer Lanze durchbohrt. Soldaten, die diese Regelung missachteten, mussten selbst mit ihrer Hinrichtung rechnen.[27]

Doch nehmen wir an, Jesus hätte seine Kreuzigung überlebt. Die Verletzungen wären so massiv gewesen, dass er gar nicht die Kraft gehabt hätte, seine Auferstehung vorzutäuschen. Er wäre für Monate oder gar Jahre handlungsunfähig gewesen – und seine Messias-Bewegung wäre schnell in der Versenkung verschwunden.

Doch welche Erklärung bleibt dann übrig?

Wäre es denkbar, dass Jesus auferstanden ist? Dass er Hunderten von Menschen begegnet ist? Wenn es einen Gott gäbe, der übernatürlich ist, wäre das zumindest nicht auszuschließen.

Die damaligen Christen haben es behauptet – und waren sich so sicher, dass sie es auf friedlichem Wege verbreiteten. Sie riskierten dafür ihr Leben, damit auch andere Menschen vom ewigen Leben erfahren können: von einem Leben in Liebe und Gerechtigkeit; von einer Welt, die all unsere Sehnsüchte stillt.[28]

Warum haben sie das getan? Warum haben sie dafür ihr Leben riskiert?

Vielleicht haben sie etwas erfahren, das ihr Leben auf den Kopf gestellt hat. Vielleicht haben sie etwas gesehen, das ihre Vorstellungen gesprengt hat. Vielleicht haben sie eine Hoffnung entdeckt, die über das irdische Leben hinausgeht.

Was auch immer sie erlebt haben: Sie haben sich für etwas Gutes eingesetzt – für eine «gute Nachricht». Für eine Nachricht der Heilung und Vergebung. Für eine Nachricht der Liebe und des Neuanfangs.

Sie scheinen ihn gelebt zu haben: den Traum von einer besseren Welt.

Kapitel 10
Der Traum von einer besseren Welt

Wohin gehen wir?

Die Bedeutung und letztlich auch die Qualität unseres Handelns werden davon bestimmt, als Teil welcher Geschichte wir uns verstehen.

Wendell Berry[1]

Was ist die Geschichte der Menschheit? Wie wird sie ausgehen? Und wie beeinflusst sie unser Handeln?

Haben wir Grund, optimistisch zu sein? Gibt es Hoffnung auf ein Paradies? Auf eine Welt voller Frieden und Gerechtigkeit, voller Liebe und Harmonie?

Christen glauben, dass dem so ist. Doch haben sie damit recht?

Wie sollte ein Paradies möglich sein, solange wir Menschen hartherzig sind? Solange wir im Leben Leid anrichten und andere verletzen?

Wenn, dann müssten unsere Herzen geheilt werden. Aber wie?

Die Heilung unseres Herzens

Christen glauben, dass eine Heilung möglich ist – und zwar durch Liebe. Durch eine Liebe, die bedingungslos ist, die selbstlos ist, die sich aufopfert und uns vergibt. Durch eine Liebe, die nur göttlich sein kann.

Gibt es diese Liebe?

Christen glauben: ja. Sie glauben, dass Gottes Liebe sich in Jesus offenbart hat, in Jesu Bereitschaft, für unsere Schuld sein Leben zu opfern – damit Gott uns vergeben und uns das ewige Leben schenken kann.

Ob uns das berührt oder nicht – ob uns das verändert oder nicht –, hängt natürlich davon ab, ob wir daran glauben.

Wenn wir daran glauben, dass Gott uns vergeben will und dafür das größtmögliche Opfer erbracht hat, könnten vielleicht auch wir über unseren Schatten springen und unseren Mitmenschen schwerste Verletzungen vergeben.

Wenn wir daran glauben, dass wir uns das Paradies nicht erarbeiten können, sondern es geschenkt bekommen, könnten vielleicht auch wir bescheidener sein, unser Ego herunterschrauben und für die Schwächen anderer Menschen mehr Verständnis zeigen.

Wenn wir daran glauben, dass der göttliche Sohn nicht auf die Erde kam, um sich bedienen zu lassen, sondern um uns zu dienen, könnten vielleicht auch wir in der Lage sein, nicht uns selbst, sondern unseren Mitmenschen zu dienen – indem wir uns aufopferungsvoll für sie einsetzen, etwa durch soziales Engagement.

Denn was auch immer geschieht: Wir könnten uns der göttlichen Liebe und des ewigen Lebens gewiss sein – und hätten nichts Existenzielles zu verlieren.

Dadurch ist Gottes Liebe unter uns offenbar geworden, dass er seinen einzigen Sohn in die Welt sandte. Durch ihn wollte er uns das neue [ewige] Leben schenken. Das Einzigartige an dieser Liebe ist: Nicht wir haben Gott geliebt, sondern er hat uns geliebt. Er hat seinen Sohn gesandt, damit er durch seinen Tod Sühne leiste für unsere Schuld. Ihr Lieben, wenn Gott uns so sehr geliebt hat, dann müssen auch wir einander lieben.

Niemand hat Gott je gesehen. Aber wenn wir einander lieben, lebt Gott in uns. Dann hat seine Liebe bei uns ihr Ziel erreicht.

1. Johannes 4,9–12

[...] vergebt einander, so wie [auch] Gott euch durch Jesus Christus vergeben hat.

Epheser 4,32[2]

«Auch [Jesus] ist nicht [auf die Erde] gekommen, um sich bedienen zu lassen, sondern um zu dienen und sein Leben als Lösegeld für alle Menschen hinzugeben.»

Matthäus 20,28

[Jesus] war reich und wurde für euch arm; denn er wollte euch durch seine Armut reich machen.

2. Korinther 8,9

[Jesus sagte:] «Ich habe euch ein Beispiel gegeben, damit auch ihr so handelt, wie ich an euch gehandelt habe.»

Johannes 13,15

Doch funktioniert das? Oder sind nicht auch Christen oft egoistisch und hartherzig? Sind nicht auch Christen oft neidisch und eifersüchtig?

Mit Sicherheit. Weil auch Christen unter den Dynamiken dieser Welt leiden, weil sie verletzt und enttäuscht werden, weil ihr Körper vergänglich ist.

Christen glauben, dass deshalb ein abschließender göttlicher Eingriff erfolgt – ein Eingriff, der unsere Herzen heilen und unseren Körper erneuern soll.

[...] unser Leben auf der Erde ist vergänglich [...]

1. Chronik 29,15

[...] wir sind bedrückt und stöhnen, solange wir noch in diesem [vergänglichen] Körper leben [...]

2. Korinther 5,4

[Jesus] wird unseren schwachen, vergänglichen Körper verwandeln, so dass er genauso herrlich und unvergänglich wird wie der Körper, den er selber seit seiner Auferstehung hat.

Philipper 3,21

[Gott sagte:] «Ich gebe euch ein neues Herz und einen neuen Geist. Ich nehme das versteinerte Herz aus eurer Brust und schenke euch ein Herz, das lebt.»

Hesekiel 36,26

Mal angenommen, das wäre möglich. Hätten wir das neue Herz dann nicht schon immer haben können? Hätte uns das Leid dann nicht erspart bleiben können?

Eine freiwillige Entscheidung

Wie erwähnt, ist Liebe nicht erzwingbar; sie beruht auf Freiheit. Sie gewinnt ihren Wert vor allem dadurch, dass wir uns für oder gegen sie entscheiden, sie annehmen oder ablehnen. Sonst wäre es keine Liebe, sondern Zwang.

Der Punkt ist: Hätten wir schon immer ein reines Herz gehabt, hätten wir uns auch immer für die Liebe entschieden. Wir hätten gar nicht die Chance gehabt, die Liebe abzulehnen. Wir wären wie Roboter, die programmiert sind zu lieben. Ein Paradies sähe anders aus.

Wenn, dann bräuchten wir die Chance, uns für oder gegen das neue Herz zu entscheiden – und damit auch für oder gegen das

Paradies. Wir bräuchten die Möglichkeit, die Herzensveränderung zuzulassen oder abzulehnen.

Treffen könnten wir die Entscheidung im Hier und Jetzt. Das heißt: Die aktuelle Welt wäre nötig, damit wir uns für oder gegen das Paradies entscheiden können.

Falls dem so wäre, könnte das vielleicht erklären, warum das Paradies noch immer nicht umgesetzt ist, warum wir noch immer in dieser Welt leben:

Ein Gott, der liebevoll ist, hätte vermutlich den Wunsch, dass sich möglichst viele Menschen für das Paradies entscheiden. Aus diesem Grund, so glauben Christen, sei Gott geduldig und warte ab – stets in der Hoffnung, dass wir unsere Hartherzigkeit einsehen und unsere Vergehen bereuen.

> Der Herr erfüllt seine Zusagen nicht zögernd, wie manche meinen. Im Gegenteil: Er hat Geduld mit euch, weil er nicht will, dass einige zugrunde gehen. Er möchte, dass alle Gelegenheit finden, von ihrem falschen Weg umzukehren.
>
> *2. Petrus 3,9*

Das Problem ist: Viele Menschen sehen nicht ein, dass sie hartherzig sind. Sie geben nicht zu, dass sie oft ungerecht sind. Sie zeigen keine Reue, wenn sie andere verletzen. Sie verdrängen ihr Gewissen.

Ein Gott, der gerecht ist, müsste daher irgendwann eingreifen. Er müsste abschließend für Gerechtigkeit sorgen. Er müsste die Verursacher von Leid bestrafen – zumindest jene, die keine Reue zeigen und sein Versöhnungsangebot ablehnen.

> «[Viele Menschen sind] im Innersten verstockt. Sie halten sich die Ohren zu und schließen die Augen, damit sie nur ja nicht

sehen, hören und begreifen, sagt Gott. Sonst würden sie zu mir umkehren und ich könnte sie heilen.»

Matthäus 13,15

«[...] Gott ist bereit, mit Nachsicht über das hinwegzusehen, was ihr bisher aus reiner Unwissenheit getan habt. Jetzt aber fordert er alle Menschen überall auf, umzudenken und einen neuen Anfang zu machen. Denn er hat einen Tag festgesetzt, an dem er über die ganze Menschheit ein gerechtes Gericht halten will, und zwar durch den Mann, den er dazu bestimmt hat. Ihn hat er vor aller Welt dadurch ausgewiesen, dass er ihn vom Tod auferweckt hat.»

Apostelgeschichte 17,30–31

[Aber Gott] hat einen Weg zum [ewigen] Leben eröffnet, der nicht über das Gesetz führt und doch in Übereinstimmung steht mit dem, was das Gesetz und die Propheten bezeugen. Dieser Weg besteht im Glauben, das heißt im Vertrauen auf das, was Gott durch Jesus Christus getan hat.

Römer 3,21–22

In Christus hat Gott selbst gehandelt und hat die Menschen mit sich versöhnt. Er hat ihnen ihre Verfehlungen vergeben und rechnet sie nicht an. [...] So bitten wir im Auftrag von Christus: «Bleibt nicht Gottes Feinde! Nehmt die Versöhnung an, die Gott euch anbietet!»

2. Korinther 5,19–20

Falls dem so wäre, stünden wir vor folgender Entscheidung:

Entweder wir suchen nach Wahrheit, hören auf unser Gewissen – und erkennen, dass wir auf eine Vergebung und eine Herzensveränderung angewiesen sind.

Oder wir verschließen uns der Wahrheit, verdrängen unser Gewissen – und lehnen eine Vergebung und eine Herzensveränderung ab.

Alle Menschen, die nicht nach Wahrheit suchen, würden damit auch gleichzeitig das Paradies ablehnen. Denn ein Leben in Liebe und Gerechtigkeit wäre nur mit Menschen möglich, die die nötige Herzensveränderung zulassen.

[Gott sagt: «Wenn] ihr mich von ganzem Herzen sucht, werde ich mich von euch finden lassen.»[3]
Jeremia 29,13–14

[Gott] will, dass alle Menschen zur Erkenntnis der Wahrheit kommen und gerettet werden.
1. Timotheus 2,4

[Aber viele Menschen werden] verloren gehen [...], weil sie ihr Herz nicht der Wahrheit geöffnet haben, die sie retten könnte.[4]
2. Thessalonicher 2,10

Entscheidend für das eigene Schicksal wäre demnach einzig und allein die Frage, ob man nach Wahrheit sucht oder nicht.[5] Und wenn es einen Gott gäbe, der gerecht ist, würde er auch jedem die Möglichkeit geben, dieser Suche zu folgen oder nicht.[6]

Über Leistungen und Gnade

Interessant ist, dass der christliche Glaube hier einzigartig ist:

Das Paradies ist im christlichen Glauben ein Geschenk – als Folge einer wahrheitssuchenden Haltung.

In allen anderen Glaubensrichtungen ist das Paradies ein Verdienst – als Folge bestimmter Leistungen. Das heißt: Wir müssten Leistungen erbringen, um das Paradies zu verdienen, oder das Nirwana. Sei es durch Befolgen des «Edlen Achtfachen Pfades» im Buddhismus, der «Fünf Säulen» im Islam oder der «Noachidischen Gebote» im Judentum.[7]

Das Problem ist: Wir Menschen sind hartherzig und machen Fehler. Wir könnten die genannten Pflichten nie dauerhaft erfüllen – selbst wenn wir es mit aller Kraft versuchen würden.

Das brächte eine Gefahr mit sich:

Entweder unser Leben wäre von Stolz geprägt – weil wir glauben, diese Pflichten trotzdem zu erfüllen. Oder unser Leben wäre von Neid geprägt – weil wir glauben, andere Menschen wären besser als wir. Oder unser Leben wäre von Angst geprägt – weil wir die Befürchtung hätten, das Paradies zu verfehlen; weil wir die Angst hätten, am Ende in die Hölle zu kommen[8] oder im Kreislauf aus Tod und Wiedergeburt zu verharren.[9]

Die Frage ist, ob Stolz, Neid oder Angst zur Verwirklichung einer besseren Welt beitragen.

Der christliche Glaube ist anders. Er ist nicht leistungs-, sondern gnadenbasiert. Er ist nicht angst-, sondern freiheitsbasiert.

Die Logik ist nicht:

Damit ich das Paradies erreiche, muss ich es mir durch gute Taten verdienen und aus Angst zwanghaft danach streben, ständig liebevoll und gerecht zu sein – wenn ich mich nur stark genug anstrenge, kann ich es schaffen.

Das wäre unrealistisch. Sondern:

Weil ich das Paradies geschenkt bekomme, möchte ich aus Dankbarkeit freiwillig danach streben, möglichst liebevoll und gerecht zu sein – auch wenn ich weiß, dass mir das nie dauerhaft gelingen wird.

[Viele Menschen] begreifen nicht, dass Gott selbst eingegriffen hat, damit [sie] vor ihm als gerecht bestehen können. Deshalb versuchen sie [vergeblich], durch eigene Anstrengungen Gerechtigkeit zu erringen [...]
Römer 10,3

Allein aufgrund des Glaubens nimmt Gott Menschen an und lässt sie vor seinem Urteil als gerecht bestehen. Er fragt dabei nicht nach Leistungen, wie das Gesetz sie fordert.
Römer 3,28

Gott aber schenkt uns unverdient, aus reiner Gnade, ewiges Leben durch Jesus Christus, unseren Herrn.
Römer 6,23

Das ist schwer zu glauben – weil es ganz anders ist als das Prinzip unserer Leistungsgesellschaft. Sicher ist aber:

Ein gnadenbasierter Glaube würde nicht zu Angst oder Zwanghaftigkeit, sondern zu Dankbarkeit und Freiheit führen.[10] Er würde uns nicht lähmen, sondern freisetzen. Er wäre die Motivation für gute Taten, die von Herzen kommen.

Das heißt: Gute Taten sind im christlichen Glauben nicht egal – im Gegenteil. Der Unterschied zu allen anderen Glaubensrichtungen ist: Gute Taten sind nicht die *Voraussetzung* für das ewige Leben, sondern die *Folge* davon.

Um es auf den Punkt zu bringen:

Christ zu sein, bedeutet nicht, aus Angst ein guter Mensch sein zu *müssen*, sondern aus Dankbarkeit ein guter Mensch sein zu *wollen*.

Wie steht es nun also? Können wir ruhig sündigen, weil das Gesetz uns nicht mehr verurteilt, sondern die Gnade Gottes uns von unserer Schuld freispricht? Auf keinen Fall!
Römer 6,15

Denn die rettende Gnade Gottes [...] bringt uns dazu, dass wir dem Ungehorsam gegen Gott den Abschied geben, den Begierden, die uns umstricken, und dass wir [...] alles daran[setzen], das Gute zu tun.

Titus 2,11–14

«[Zeigt] durch [eure] Lebensführung [...], dass es [euch] mit der Umkehr ernst ist.»

Apostelgeschichte 26,20

Euer ganzes Leben soll ein einziger Dank sein [...]

Kolosser 3,17

«Dann werdet ihr die Wahrheit erkennen, und die Wahrheit wird euch frei machen.»

Johannes 8,32

Doch könnten wir so tatsächlich eine bessere Welt erschaffen? Oder zeigt die Realität nicht eher, dass sich Christen gerade nicht für diese Welt einsetzen – weil sie glauben, ohnehin in den Himmel zu kommen?

Auf dem Weg zu einer neuen Welt

Anders als oft angenommen, glauben Christen nicht, dass das ewige Leben «im Himmel» stattfindet, sondern als «Himmel auf Erden» – und zwar auf einer *neuen* Erde.

Christen glauben, dass Gott eine grundlegend erneuerte Welt schaffen wird, die den tiefsten menschlichen Sehnsüchten entspricht: eine Welt voller Frieden und Gerechtigkeit, voller Liebe und Harmonie.

Die neue Welt soll kein unpersönliches Seelenuniversum sein,

sondern eine persönliche und unvergängliche Welt. Die darin lebenden Menschen sollen ihre Identität also nicht verlieren. Im Gegensatz zur aktuellen Welt sollen sie jedoch einen unvergänglichen Körper und ein reines Herz besitzen.
Ihre tiefsten Sehnsüchte sollen voll und ganz gestillt werden. Ihre ursprüngliche Bestimmung soll dauerhaft erfüllt werden:

> Dann sah ich einen neuen Himmel und eine neue Erde. Der erste Himmel und die erste Erde waren verschwunden und das Meer war nicht mehr da. Ich sah, wie die Heilige Stadt, das neue Jerusalem, von Gott aus dem Himmel herabkam. [...] Und vom Thron her hörte ich eine starke Stimme rufen: «Dies ist die Wohnstätte Gottes bei den Menschen! Er wird bei ihnen wohnen, und sie werden seine Völker sein. Gott selbst wird als ihr Gott bei ihnen sein. Er wird alle ihre Tränen abwischen. Es wird keinen Tod mehr geben und keine Traurigkeit, keine Klage und keine Quälerei mehr. Was einmal war, ist für immer vorbei.»
>
> Dann sagte der, der auf dem Thron saß: «Gebt Acht, jetzt mache ich alles neu! [...] Alle, die durchhalten [...], werden dies als Anteil von mir erhalten: Ich werde ihr Gott sein und sie werden meine Söhne und Töchter sein.»
>
> *Offenbarung 21,1–7*

Die Posaune gibt das Signal, dann werden die Verstorbenen zu unvergänglichem Leben erweckt, und [diejenigen], die dann noch am Leben sind, bekommen den neuen Körper.
1. Korinther 15,52[11]

[Gott sagte:] «Ich gebe euch ein neues Herz und einen neuen Geist. Ich nehme das versteinerte Herz aus eurer Brust und schenke euch ein Herz, das lebt.»
Hesekiel 36,26

Dann wird der Wolf beim Lamm zu Gast sein, der Panther neben dem Ziegenböckchen liegen; gemeinsam wachsen Kalb und Löwenjunges auf, ein kleiner Junge kann sie hüten. Die Kuh wird neben dem Bären weiden und ihre Jungen werden beieinander liegen; der Löwe frisst dann Häcksel wie das Rind. Der Säugling spielt beim Schlupfloch der Schlange, das Kleinkind steckt die Hand in die Höhle der Otter. Niemand wird Böses tun und Unheil stiften auf dem Zion, Gottes heiligem Berg. So wie das Meer voll Wasser ist, wird das Land erfüllt sein von Erkenntnis des Herrn.

Jesaja 11,6–9[12]

Alle Täler sollen erhöht werden, und alle Berge und Hügel sollen erniedrigt werden, und was uneben ist, soll gerade, und was hügelig ist, soll eben werden; denn die Herrlichkeit des Herrn soll offenbart werden, und alles Fleisch miteinander wird es sehen [...]

Jesaja 40,4–5[13]

Der Glaube, dass wir unsere Identität nicht verlieren, sondern behalten werden, dass das Irdische nicht vernichtet, sondern erneuert wird, hat eine entscheidende Implikation für das Hier und Jetzt:

Alles, was wir im Leben tun – jeder Einsatz für Wahrheit, Liebe und Gerechtigkeit in der Welt –, ist von Bedeutung für die Ewigkeit.

Das heißt nicht, dass wir das Paradies selbst erschaffen können. Doch wir könnten uns darauf ausrichten – durch gute Taten im Hier und Jetzt.

Falls dem so sein sollte, wann wäre dann mit der Neuerschaffung der Welt zu rechnen?

Wie erwähnt, glauben Christen, dass Gott geduldig ist und mit der Neuerschaffung der Welt abwartet – in der Hoffnung, dass möglichst viele Menschen sein Versöhnungsangebot annehmen.[14] So wird vermutet, dass Gott erst dann endgültig eingreift, wenn das Leid in der Welt nicht länger ertragbar ist und keine Hoffnung mehr besteht, dass sich weitere Menschen für das ewige Leben entscheiden werden.[15]

Doch wann soll es so weit sein?

Die Bibel sagt seit etwa 2000 Jahren voraus,[16] dass es zunächst zu einer Globalisierung kommt, die früher oder später in eine Form der Weltregierung oder Weltideologie mündet. Zudem sollen immer größere Unruhen, Kriege, Hungersnöte und Erdbeben auftreten.

Abschließend soll es zu einer siebenjährigen «Trübsalszeit»[17] kommen, die damit beginnen könnte, dass die Jerusalemer Klagemauer zerstört wird.[18] In dieser Trübsalszeit soll es weltweite Christenverfolgungen geben, denen der göttliche Sohn durch seine Rückkehr auf die Erde ein Ende setzen soll.

[Ein] Tier [wird] Macht über alle Völker und Nationen [der Erde bekommen], über die Menschen aller Sprachen. [...]
[Ein] anderes Tier [wird] alle Menschen in seiner Gewalt [haben]: Hohe und Niedrige, Reiche und Arme, Sklaven und Freie. [...]
Aber [Jesus] wird sie besiegen.
Offenbarung 13,7–16 und 17,14

Jesus verließ den [Jerusalemer] Tempel und [...] sagte: «[...] hier wird kein Stein auf dem andern bleiben. Alles wird bis auf den Grund zerstört werden.»[19]

[Die Jünger fragten Jesus]: «Sag uns, wann wird das geschehen, und woran können wir erkennen, dass du wiederkommst und das Ende der Welt da ist?»

Jesus sagte zu ihnen: «Seid auf der Hut und lasst euch von niemand täuschen! Viele werden unter meinem Namen auftreten und von sich behaupten: ‹Ich bin der wiedergekommene Christus!› Damit werden sie viele irreführen. Erschreckt nicht, wenn nah und fern Kriege ausbrechen! Es muss so kommen, aber das ist noch nicht das Ende. Ein Volk wird gegen das andere kämpfen, ein Staat den andern angreifen. In vielen Ländern wird es Hungersnöte und Erdbeben geben. Das alles ist erst der Anfang vom Ende – der Beginn der Geburtswehen.

Dann werden sie euch an die Gerichte ausliefern, euch misshandeln und töten. Die ganze Welt wird euch hassen, weil ihr euch zu mir bekennt. Wenn es so weit ist, werden viele vom Glauben abfallen und sich gegenseitig verraten und einander hassen. Zahlreiche falsche Propheten werden auftreten und viele von euch irreführen. Und weil der Ungehorsam gegen Gottes Gesetz überhand nimmt, wird die Liebe bei den meisten von euch erkalten. Wer aber bis zum Ende standhaft bleibt, wird gerettet. [...]

Doch sofort nach dieser Schreckenszeit wird sich die Sonne verfinstern und der Mond wird nicht mehr scheinen, die Sterne werden vom Himmel fallen und die Ordnung des Himmels wird zusammenbrechen. Dann wird der Menschensohn für alle sichtbar am Himmel erscheinen. Dies ist das Zeichen, dass das Ende da ist.[20] [...]

Doch den Tag und die Stunde, wann das Ende da ist, kennt niemand, auch nicht die Engel im Himmel – nicht einmal der [göttliche] Sohn. Nur der [göttliche] Vater kennt sie.»

Matthäus 24,1–36

Der Glaube, dass unsere Welt vor dem Abgrund steht, könnte erneut die Gefahr bergen, dass sich Christen gerade nicht für diese Welt einsetzen. In Wirklichkeit ist jedoch das Gegenteil der Fall:

In völlig ausweglosen Situationen wäre der Glaube an die Zukunft der Welt und der Menschheit sogar die einzig realistische

Hoffnung und Motivationsgrundlage, um sich *trotzdem* für das Gute in der Welt einzusetzen und niemals aufzugeben – selbst wenn die Missstände und das Böse in der Welt unüberwindbar erscheinen.

Einige Christen haben das verstanden und umgesetzt; zum Beispiel der afroamerikanische Bürgerrechtler und Friedensnobelpreisträger Martin Luther King jr. Trotz größter Widerstände setzte er sich in den 1950er und 1960er Jahren an vorderster Front gegen die Rassentrennung in den USA ein.

Im Folgenden findet sich ein Auszug aus seiner Rede «I Have a Dream», die er am 28. August 1963 beim so genannten «Marsch auf Washington» hielt – knapp fünf Jahre, bevor er einem tödlichen Attentat zum Opfer fiel.

Ich habe einen Traum, dass eines Tages auf den roten Hügeln von Georgia die Söhne früherer Sklaven und die Söhne früherer Sklavenhalter miteinander am Tisch der Brüderlichkeit sitzen können. [...]

Ich habe einen Traum, dass meine vier kleinen Kinder eines Tages in einer Nation leben werden, in der man sie nicht nach ihrer Hautfarbe, sondern nach ihrem Charakter beurteilt. [...]

Ich habe einen Traum, dass eines Tages *jedes Tal erhöht und jeder Berg und Hügel erniedrigt wird. Die hügeligen Orte werden geglättet und die unebenen Orte begradigt werden. Und die Herrlichkeit des Herrn wird offenbart werden und alles Fleisch wird es sehen* [Jesaja 40,4–5].

Dies ist unsere Hoffnung. Mit diesem Glauben kehre ich in den Süden zurück. Mit diesem Glauben werde ich fähig sein, aus dem Berg der Verzweiflung einen Stein der Hoffnung zu hauen. Mit diesem Glauben werden wir fähig sein, die schrillen Missklänge in unserer Nation in eine wunderbare Symphonie der Brüderlichkeit zu verwandeln. Mit diesem Glauben werden wir fähig sein, zusammen zu arbeiten, zusammen zu beten, zusammen zu kämpfen, zusammen ins Gefängnis zu gehen, zusammen für die Freiheit aufzustehen, in dem Wissen, dass wir eines Tages frei sein werden. [...]

Wenn wir die Freiheit erschallen lassen – wenn wir sie erschallen lassen von jeder Stadt und jedem Weiler, von jedem Staat und jeder Großstadt –, dann werden wir den Tag beschleunigen können, an dem sich alle Kinder Gottes [...] die Hände reichen und die Worte des alten Negro-Spirituals singen können: «Endlich frei! Endlich frei! Großer, allmächtiger Gott, wir sind endlich frei!»

Martin Luther King jr.[21]

Ähnlich wie Martin Luther King sind *wir alle* dazu aufgerufen, uns auf friedlichem Wege für Wahrheit, Liebe und Gerechtigkeit in der Welt einzusetzen und auf die göttliche Neuerschaffung der Welt hinzuwirken.

Das kann sich bereits in kleinen Dingen zeigen. Zum Beispiel darin, dass wir unseren Mitmenschen ihre Lieblosigkeiten und Ungerechtigkeiten vergeben; dass wir uns für hilfsbedürftige Menschen einsetzen; dass wir das Böse nicht mit Bösem vergelten, sondern es durch das Gute zu überwinden versuchen.

Jesus [sagte]: «Frieden sei mit euch! Wie der [göttliche] Vater mich gesandt hat, so sende ich nun euch.»

Johannes 20,21

Lass dich nicht vom Bösen besiegen, sondern überwinde es durch das Gute!

Römer 12,21

Das Fundament ist errichtet. Der Garten ist angelegt. Die Melodie komponiert. Die Mächte und Gewalten, die uns in der Trennung [von Gott] sein ließen, sind überwunden. [...] Unsere Aufgabe ist es nun, das Haus zu bauen, den Garten zu pflegen und die Melodie zu spielen. [...] Unsere Aufgabe besteht darin, in Wort und Tat zu verkünden, dass das Exil vorbei ist, Taten zu tun, die von Heilung und Vergebung sprechen, und mutig zu agieren in Gottes Welt durch die Kraft des Heiligen Geistes.

Nicholas Thomas Wright[22]

Das Fundament unseres Einsatzes für Wahrheit, Liebe und Gerechtigkeit in der Welt bildet die Überzeugung, dass genau diese Wahrheit, Liebe und Gerechtigkeit am Ende siegen wird.

Und als Bestätigung dafür dient das Opfer des göttlichen Sohnes, das nicht nur Gottes Gerechtigkeit, sondern vor allem Gottes Liebe offenbart hat.

Ich bin ganz sicher, dass nichts uns von [Gottes] Liebe trennen kann: weder Tod noch Leben, weder Engel noch Dämonen noch andere gottfeindliche Mächte, weder Gegenwärtiges noch Zukünftiges, weder Himmel noch Hölle. Nichts in der ganzen Welt kann uns jemals trennen von der Liebe Gottes, die uns verbürgt ist in Jesus Christus, unserem Herrn.

Römer 8,38–39

Die Liebe ist geduldig und gütig. Die Liebe eifert nicht für den eigenen Standpunkt, sie prahlt nicht und spielt sich nicht auf. Die Liebe nimmt sich keine Freiheiten heraus, sie sucht nicht den eigenen Vorteil. Sie lässt sich nicht zum Zorn reizen und trägt das Böse nicht nach. Sie ist nicht schadenfroh, wenn anderen Unrecht geschieht, sondern freut sich mit, wenn jemand das Rechte tut. Die Liebe gibt nie jemanden auf, in jeder Lage vertraut und hofft sie für andere; alles erträgt sie mit großer Geduld. Niemals wird die Liebe vergehen.

1. Korinther 13,4–8

Genau dieser Liebe können wir uns laut dem christlichen Glauben sicher sein.

Diese Liebe gibt uns die Kraft, über Enttäuschungen und Verletzungen hinwegzukommen. Diese Liebe gibt uns die Chance, von Getriebenheit und fremdem Erwartungsdruck frei zu werden. Diese Liebe gibt uns die Möglichkeit, unseren Gegnern die Hand zu reichen, anstatt sie zu bekämpfen. Diese Liebe gibt uns die Fähigkeit, unsere Beziehungen glücklicher und harmonischer zu gestalten.

In dieser Liebe finden wir unsere ursprüngliche Identität.

Und diese Liebe wird für immer bestehen.

Danksagung

Ich danke allen Personen, die das Entstehen dieses Buches ermöglicht und begleitet haben, vor allem meiner Frau Sophia. Herzlichen Dank für Deine großartige Unterstützung, Liebe und Geduld.

Ebenso danke ich meiner Schwägerin Dominique für ihre vielfältige Unterstützung und Hilfestellung.

Zudem bedanke ich mich bei allen Personen, die das Buch durch ihre ehrlichen und kritischen Anmerkungen bereichert haben. Mein herzlicher Dank gilt – in alphabetischer Reihenfolge – Albert Haase, Dr. Alexander Fink, Dominique Gerlach, Esther Fürstenberg, Hans-Lothar Imfeld, Horst Stricker, Joachim Müller, Dr. Johannes Hartl, Johannes Viehmann, Klaus Fejsa, Marie Wildermann, Matthias Gerlach, Merlin Fürstenberg, Mirjam Schwarz, Monika Gerlach, Petra Andreßen, Ramon Külpmann, Sebastian Ohme, Sophia Kotulla, Dr. Tilmann Rogge und Tobias Schwarz.

Ferner gilt mein Dank dem Team des Fontis-Verlags in Basel, insbesondere Herrn Dr. Dominik Klenk, Herrn Christian Meyer und Frau Vera Hahn, für die hervorragende, freundschaftliche Zusammenarbeit, die äußerst wertvollen Anregungen sowie die Bereitschaft, meine zahlreichen Wünsche zu berücksichtigen.

Auch Ihnen, liebe Leserin, lieber Leser, möchte ich dafür danken, dass Sie die Zeit und Neugierde aufgebracht haben, um an der persönlichen Suche in diesem Buch teilzuhaben. Wenn Sie möchten, können Sie mein Buch gerne weiterempfehlen, bei Facebook «liken» oder bei Ihrem Online-Buchhändler bewerten. Herzlichen Dank und alles Gute.

www.was-soll-ich-hier.com

Über den Autor

Thomas Christian Kotulla, Jahrgang 1981, wurde in Bad Harzburg, Niedersachsen, geboren und ist in Gevelsberg, Nordrhein-Westfalen, aufgewachsen. Als Stipendiat studierte er Betriebswirtschaftslehre an der BiTS in Iserlohn mit integriertem Auslandsaufenthalt an der Harvard University in Cambridge, USA. Nach Abschluss seines Studiums promovierte er am Lehrstuhl für Internationales Management und Strategisches Management bei Prof. Dr. Stefan Schmid an der ESCP Europe in Berlin.

Thomas Christian Kotulla ist Geschäftsführer der Stiftung Bildung.Werte.Leben in Berlin, Buchautor und Vortragsredner sowie Dozent und Research Fellow an der ESCP Europe in Paris, Berlin, London, Madrid und Turin. Die Ergebnisse seiner Forschung wurden mit internationalen Wissenschaftspreisen ausgezeichnet und in Büchern und Fachzeitschriften publiziert. Seine Leidenschaft für philosophische, psychologische und theologische Fragen war die Grundlage für dieses Buch.

Anmerkungen

Das vorliegende Buch spiegelt nicht die Ansichten einer bestimmten Kirche oder Konfession wider, etwa orthodox, katholisch, evangelisch oder evangelikal. Stattdessen ist das Buch kirchen- und konfessionsunabhängig positioniert.

Was die zitierten Texte betrifft, wurden der besseren Verständlichkeit halber in manchen Fällen sinnerhaltende Kürzungen oder Erweiterungen vorgenommen. Diese Kürzungen und Erweiterungen wurde als solche kenntlich gemacht. Das Zitieren eines Textes ist nicht als Zustimmung des Autors zu den sonstigen Aussagen der zitierten Person zu verstehen.

Soweit nicht anders angegeben, entstammen die zitierten Bibelstellen der Übersetzung «Gute Nachricht Bibel», revidierte Fassung, durchgesehene Ausgabe © 2000, Deutsche Bibelgesellschaft, Stuttgart.

Die folgenden Endnoten liefern Zusatzinformationen zu verschiedenen Aussagen innerhalb des Buches und sollen ein tiefergehendes Verständnis der einzelnen Textstellen ermöglichen.

Einstieg

[1] Siehe Seneca, Lucius A.: «Handbuch des glücklichen Lebens», Anaconda: Köln 2011. Siehe auch Seneca, Lucius A.: «De vita beata. Vom glücklichen Leben», Reclam: Ditzingen 1990.

[2] Siehe hierzu und im Folgenden zum Beispiel Schmidt-Biggemann, Wilhelm: «Blaise Pascal», C.H. Beck: München 1999.
Einen alternativen Versuch liefert der deutsche Philosoph Immanuel Kant mit seinen drei Fragen: Was können wir wissen? Was sollen wir tun? Was dürfen wir hoffen? Siehe zum Beispiel Höffe, Otfried: «Immanuel Kant», 8. Auflage, C.H. Beck: München 2014.

[3] Siehe zum Verglühen unseres Sonnensystems aus wissenschaftlicher Sicht Schröder, Klaus-Peter; Smith, Robert C.: «Distant Future of the Sun and Earth Revisited», in: «Monthly Notices of the Royal Astronomical Society», Jg. 386, Nr. 1, 2008, Seite 155–163.

Kapitel 1: Wer sind wir?
[1] Siehe Smith, J. David; Shields, Wendy E.; Washburn, David A.: «The Comparative Psychology of Uncertainty Monitoring and Metacognition», in: «Behavioral and Brain Sciences», Jg. 26, Nr. 3, 2003, Seite 317–339.
[2] Siehe hierzu aber auch Nagel, Thomas: «What Is It Like to Be a Bat?», in: «The Philosophical Review», Jg. 83, Nr. 4, 1974, Seite 435–450.
[3] Diese Sicht wird als «anthropozentrisch» bezeichnet.
Anthropozentrisch (Adjektiv): den Menschen in den Mittelpunkt stellend. *ánthropos* (altgriechisch): Mensch. *kéntron* (altgriechisch): Mittelpunkt.
[4] Siehe zum Beispiel Rüsen, Jörn (Hrsg.): «Perspektiven der Humanität. Menschsein im Diskurs der Disziplinen», transcript: Bielefeld 2010.
Siehe außerdem Honnefelder, Ludger; Mieth, Dietmar; Propping, Peter; Siep, Ludwig; Wiesemann, Claudia: «Das genetische Wissen und die Zukunft des Menschen», de Gruyter: Berlin 2003.
[5] Siehe zum Beispiel Uvnäs-Moberg, Kerstin; Arn, Ingemar; Magnusson, David: «The Psychobiology of Emotion: The Role of the Oxytocinergic System», in: «International Journal of Behavioral Medicine», Jg. 12, Nr. 2, 2005, Seite 59–65.
[6] Siehe zum Beispiel Oesterdiekhoff, Georg W.: «Die Humanisierung des Menschen. Anthropologische Grundlagen der Kulturgeschichte der Menschheit», in: Rüsen, Jörn (Hrsg.): «Perspektiven der Humanität. Menschsein im Diskurs der Disziplinen», transcript: Bielefeld 2010, Seite 238.
[7] *spiritus* (lateinisch): Geist.
Unter Spiritualität versteht man das Hinwenden zu geistigen und vor allem geistlichen Phänomenen, insbesondere das Praktizieren einer Religion oder Philosophie, die das Übernatürliche bejaht. Siehe zum Beispiel Ceming, Katharina: «Spiritualität im 21. Jahrhundert», Phänomen-Verlag: Sencelles 2012.
[8] *astron* (altgriechisch): Stern. *lógos* (altgriechisch): Wort, Rede, Sinn, Vernunft.
Die Astro*logie* befasst sich – anders als die Astro*nomie* – mit der Deutung von Sternenkonstellationen und deren vermeintlichem Einfluss auf den Menschen. Ein bekanntes Hauptelement der Astrologie sind Horoskope. Siehe zum Beispiel von Stuckrad, Kocku: «Geschichte der Astrologie: Von den Anfängen bis zur Gegenwart», C.H. Beck: München 2003.

[9] *esōterikós* (altgriechisch): dem inneren Bereich zugehörig. Im modernen Sprachgebrauch umfasst Esoterik okkulte oder spiritistische Ansichten und Praktiken wie Wahrsagerei, Magie oder Geisterbeschwörung.
occultus (lateinisch): verborgen, verdeckt, geheim.
spiritus (lateinisch): Geist.
Siehe zur Esoterik zum Beispiel von Stuckrad, Kocku: «Was ist Esoterik? Kleine Geschichte des geheimen Wissens», C.H. Beck: München 2004.

[10] Auf Versuche, eine mögliche Seele auch auf materiellem Wege zu erklären, werde ich später noch eingehen.

[11] Die Evolutionstheorie hat das Ziel, die Entstehung und Entwicklung der verschiedenen Arten biologischen Lebens naturwissenschaftlich zu erklären. Siehe hierzu die Ausführungen in Kapitel 3 des Buches sowie die dort zitierten Quellen.

[12] Die Neurowissenschaften befassen sich aus naturwissenschaftlicher Sicht mit dem Aufbau und der Funktionsweise von Nervensystemen, insbesondere des Gehirns. Siehe zum Beispiel Kandel, Eric R.; Schwartz, James H.; Jessel, Thomas M.: «Neurowissenschaften. Eine Einführung», Spektrum: Heidelberg 1995.

[13] Siehe zum Beispiel Spinas, Giatgen A.; Fischli, Stefan: «Endokrinologie und Stoffwechsel kompakt», Thieme: Stuttgart 2011.

[14] *gravitas* (lateinisch): Schwere.

[15] Siehe zum Beispiel Meschede, Dieter: «Gerthsen Physik», 25. Auflage, Springer: Berlin 2015. Ob es weitere Grundkräfte gibt, ist bislang nicht sicher.

[16] Ob die vier Grundkräfte tatsächlich konstant sind, ist nicht sicher. So wäre es denkbar, dass die Kräfte zu anderen Zeiten des Universums anders wirkten. Zudem ist unklar, woher die Kräfte stammen. Berechnungen zur Entwicklung des Universums sind daher stets annahmenbasiert.

[17] An anderen Orten des Universums, etwa in annähernder Schwerelosigkeit, würde das Smartphone in der Luft schweben oder nur langsam fallen. Der Grund ist aber nicht, dass die Naturgesetze dort ungültig sind, sondern dass die Schwerkraft dort schwächer wirkt. Das hängt mit der Massenanziehung zusammen, vor allem mit der von Planeten. Doch auch in Schwerelosigkeit hat das Smartphone keinen Willen. Es verhält sich auch hier immer gleich – den Naturgesetzen gemäß.

[18] Auf den so genannten «Probabilismus» und die «Quantenmechanik» werde ich später noch eingehen.

[19] Genau genommen ist die Existenz von Naturgesetzen nicht beweisbar, sondern höchstens widerlegbar. Denn unser Wissen über die Naturgesetze basiert auf Beobachtungen und Messungen, von denen wir nicht sagen können, ob sie auch in Zukunft eintreten werden und verallgemeinerbar sind. Falls die Widerlegung eines Naturgesetzes trotz äußerst hoher Anzahl an Versuchen nicht gelingt, gilt das jeweilige Gesetz aber mit an Sicherheit grenzender Wahrscheinlichkeit als existent. Siehe in diesem Kontext zum «Kritischen Rationalismus» sowie zum Prinzip der «Falsifizierbarkeit» auch Popper, Karl R.: «Die beiden Grundprobleme der Erkenntnistheorie», J.C.B. Mohr: Tübingen 1979. Siehe außerdem Böhm, Jan M.; Holweg, Heiko; Hoock, Claudia: «Karl Poppers kritischer Rationalismus heute», Mohr Siebeck: Tübingen 2002.

[20] Dies umfasst nicht nur die bislang bekannten Naturgesetze, sondern letztlich alle Naturgesetze – auch jene, die wir möglicherweise erst in Zukunft entdecken.

[21] *natura* (lateinisch): Natur.

Die folgenden Ausführungen beziehen sich auf einen ontologischen und metaphysischen Naturalismus. Siehe hierzu auch Sukopp, Thomas; Vollmer, Gerhard (Hrsg.): «Naturalismus: Positionen, Perspektiven, Probleme», Mohr-Siebeck: Tübingen 2007.

Siehe außerdem de Caro, Mario; Macarthur, David: «Naturalism in Question», Harvard University Press: Cambridge 2004.

[22] *supra* (lateinisch): über. *natura* (lateinisch): Natur.

Siehe zum Supranaturalismus zum Beispiel Kenny, J.P.: «The Supernatural: Medieval Theological Concepts to Modern», Alba House: New York 1972.

Siehe außerdem Nagel, Thomas: «Geist und Kosmos: Warum die materialistische neodarwinistische Konzeption der Natur so gut wie sicher falsch ist», Suhrkamp: Berlin, 2013.

Siehe zudem Lewis, Clive S.: «Wunder. Möglich – wahrscheinlich – undenkbar?», Fontis: Basel 1999.

[23] *a-gnoein* (altgriechisch): nicht wissen.

Siehe zum Agnostizismus zum Beispiel Heiderich, Birgit; Schlette, Heinz Robert (Hrsg.): «Der moderne Agnostizismus», Patmos: Düsseldorf 1979.

[24] Genau genommen gibt es noch eine vierte Position: Man könnte annehmen, dass auch die natürliche Welt nicht existiert und nur eine Konstruktion oder Illusion im menschlichen Gehirn ist. Vertreter des «Radi-

kalen Konstruktivismus» gehen zumindest ansatzweise in diese Richtung. Ich selbst halte diese Ansicht für unrealistisch. Die Gründe dafür werden im Laufe des Buches noch deutlich. Siehe hierzu auch Cohen, Robert S.; Hilpinen, Risto; Renzong, Qiu (Hrsg.): «Realism and Anti-Realism in the Philosophy of Science», Kluwer: Dordrecht 1996.

[25] Auf die Frage, ob wir die Realität erkennen können, werde ich in Kapitel 5 eingehen.

[26] Wie erwähnt, umfasst das nicht nur die Naturgesetze, die uns bekannt sind, sondern letztlich alle Naturgesetze – auch jene, die wir möglicherweise erst in Zukunft entdecken.

[27] Dass fast alle natürlichen Phänomene zahlreiche Ursachen haben, wird als «Multikausalität» bezeichnet. Dass die Ursachen sich wechselseitig bedingen, als «Interdependenz». Die damit einhergehende Komplexität vieler Phänomene wird im Rahmen der «Chaosforschung» behandelt. Und dass alles dem Ursache-Wirkungs-Prinzip unterliegt, heißt «kausale Geschlossenheit».
Siehe zur Chaosforschung zum Beispiel Gleick, James: «Chaos, die Ordnung des Universums. Vorstoß in Grenzbereiche der modernen Physik», Droemer Knaur: München 1990.

[28] Siehe zum Beispiel Hawking, Stephen; Mlodinow, Leonard: «Der große Entwurf: Eine neue Erklärung des Universums», Rowohlt: Reinbek 2011.

[29] Wobei nicht alle Bosonen Elementarteilchen sind. Es gibt auch Bosonen, die sich aus mehreren Teilchen zusammensetzen, etwa «Mesonen». Siehe zum Beispiel Demtröder, Wolfgang: «Experimentalphysik 3: Atome, Moleküle und Festkörper», 4. Auflage, Springer: Berlin 2010.

[30] Siehe erneut Meschede, Dieter: «Gerthsen Physik», 25. Auflage, Springer: Berlin 2015.

[31] Bei Dunkler Materie handelt es sich um eine Form bislang unbeobachteter Materie, die vermutlich aus «supersymmetrischen» Elementarteilchen besteht, zum Beispiel aus Neutralinos. Siehe zum Beispiel Hooper, Dan; Plehn, Tilman: «Supersymmetric Dark Matter – How Light Can the LSP Be?», in: «Physics Letters B», Jg. 562, Nr. 1–2, 2003, Seite 18–27.
Bei Dunkler Energie handelt es sich um eine Form bislang unverstandener Energie, die vermutlich der Schwerkraft entgegenwirkt und dafür verantwortlich ist, dass das Weltall beschleunigt expandiert. Siehe zum Beispiel Amendola, Luca; Tsujikawa, Shinji: «Dark Energy – Theory

and Observations», Cambridge University Press: Cambridge 2010. Siehe zur Verteilung von Materie, Dunkler Materie und Dunkler Energie im Weltall zum Beispiel Yang, Weiqiang; Xu, Lixin: «Coupled Dark Energy With Perturbed Hubble Expansion Rate», in: «Physical Review», Jg. 90, Nr. 8, 2014, Seite 1–10.

[32] Siehe zum Beispiel Thompson, Richard F.: «Das Gehirn: von der Nervenzelle zur Verhaltenssteuerung», Spektrum: Heidelberg 2001.

[33] Diese Sichtweise wird auch als «reduktionistisch» bezeichnet. In Abgrenzung dazu gibt es das Argument der «Emergenz». Darauf werde ich gleich noch eingehen. Siehe hierzu auch Charles, David; Lennon, Kathleen (Hrsg.): «Reduction, Explanation, and Realism», Oxford University Press: Oxford 1992.

[34] Siehe zur Frage nach dem menschlichen Bewusstsein auch die «Qualia-Debatte», etwa bei Heckmann, Heinz-Dieter; Walter, Sven: «Qualia – Ausgewählte Beiträge», 2. Auflage, mentis: Paderborn 2006.

[35] Siehe zum Beispiel Papineau, David: «Philosophical Naturalism», Blackwell: Oxford 1993.

[36] Siehe zum Beispiel Cohen-Tannoudji, Claude: «Quantenmechanik», de Gruyter: Berlin 1999.

[37] Siehe zum Beispiel Greve, Jens; Schnabel, Annette (Hrsg.): «Emergenz. Zur Analyse und Erklärung komplexer Strukturen», Suhrkamp: Berlin 2011.

[38] Wie erwähnt, umfasst das nicht nur die Naturgesetze, die uns bekannt sind, sondern letztlich alle Naturgesetze – auch jene, die wir möglicherweise erst in Zukunft entdecken.

[39] Oft ist auch von «Transzendenz» die Rede. Damit sind Dinge gemeint, die jenseits unserer Wahrnehmung liegen, vor allem jenseits unserer Sinneswahrnehmung. Vereinfacht ausgedrückt: etwas Übersinnliches. Doch etwas, das übersinnlich ist, muss nicht übernatürlich sein – und umgekehrt. Wenn es zum Beispiel Engel gäbe, die Menschen erscheinen, oder Wunderheilungen, die man sehen kann, dann wären sie über*natürlich* – weil sie den Gesetzen der Natur widersprechen. Doch sie wären nicht über*sinnlich* – weil wir sie sehen können oder zu sehen glauben.
Im Folgenden werden wir uns auf das Übernatürliche konzentrieren. Denn es soll um die Frage gehen, ob es mehr gibt als die natürliche Welt, zum Beispiel eine Seele. Ob diese dann übersinnlich ist oder nicht, muss uns zunächst nicht interessieren.
Siehe zur Transzendenz zum Beispiel Staudigl, Michael; Sternad, Christian (Hrsg.): «Figuren der Transzendenz. Transformationen eines phä-

nomenologischen Grundbegriffs», Königshausen & Neumann: Würzburg 2014.
[40] *theós* (altgriechisch): Gott.
[41] In Kapitel 3 werde ich auf die verschiedenen Glaubensrichtungen eingehen.
[42] Siehe für den deutschsprachigen Raum zum Beispiel Artikel 1, Absatz 1 des Grundgesetzes für die Bundesrepublik Deutschland sowie Artikel 7 der Bundesverfassung der Schweizer Eidgenossenschaft. Ähnliche Aussagen finden sich zum Beispiel in der Verfassung von Belgien, Finnland, Griechenland, Irland, Italien, Portugal, Schweden, Spanien und Südafrika.
[43] *psychē* (altgriechisch): Seele.
[44] Siehe zum Beispiel Kandel, Eric R.; Schwartz, James H.; Jessel, Thomas M.: «Neurowissenschaften. Eine Einführung», Spektrum: Heidelberg 1995.
[45] *intellēctus* (lateinisch): Erkenntnisvermögen.
[46] *determinare* (lateinisch): festlegen, begrenzen.
Siehe zum Determinismus zum Beispiel Earman, John: «A Primer on Determinism», Reidel: Dordrecht 1986.
[47] *probabilis* (lateinisch): glaublich, wahrscheinlich.
Siehe zum Probabilismus zum Beispiel Cohen-Tannoudji, Claude: «Quantenmechanik», de Gruyter: Berlin 1999.
[48] Siehe erneut Cohen-Tannoudji, Claude: «Quantenmechanik», de Gruyter: Berlin 1999.
[49] Siehe zum Beispiel Stolz, Werner: «Radioaktivität. Grundlagen, Messung, Anwendungen», 5. Auflage, Teubner: Wiesbaden 2005.
[50] Genau genommen zerfallen die Atomkerne nicht, sondern ihre Masse reduziert sich durch die Aussendung von Teilchen zu anderen Atomkernen.
[51] Siehe zu abweichenden Ansichten, vor allem im Zusammenhang mit dem «Einstein-Podolsky-Rosen-Paradoxon», auch Einstein, Albert; Podolsky, Boris; Rosen, Nathan: «Can Quantum-Mechanical Description of Physical Reality Be Considered Complete?», in: «Physical Review», Jg. 47, Nr. 10, 1935, Seite 777–780. Siehe zu einer Erwiderung auch Bohr, Niels: «Can Quantum-Mechanical Description of Physical Reality be Considered Complete?», in: «Physical Review», Jg. 48, Nr. 8, 1935, Seite 696–702.
[52] Siehe in diesem Kontext zur «Quantenverschränkung», wenn auch mit anderer Bedeutung, Fink, Helmut: «Interpretation verschränkter Zu-

stände: Die Quantenwelt – unbestimmt und nichtlokal?», in: «Physik in unserer Zeit», Jg. 35, Nr. 4, 2004, Seite 168–173.
Zudem gilt dasselbe wie beim Würfel: Erstens gibt es zahlreiche Einflüsse, die sich nicht genau kontrollieren lassen. Zweitens kann die Messung des Zerfalls nie exakt wiederholt werden – zum einen, weil radioaktiver Zerfall nicht umkehrbar ist, zum anderen, weil bereits die Messung des Zerfalls Einfluss auf dessen Verlauf haben kann. Ein dritter Grund sind die so genannten «Welleneigenschaften» von Teilchen. Siehe hierzu Demtröder, Wolfgang: «Experimentalphysik 3: Atome, Moleküle und Festkörper», 4. Auflage, Springer: Berlin 2010, Seite 92–96.

[53] Siehe auch Hawking, Stephen; Mlodinow, Leonard: «Der große Entwurf: Eine neue Erklärung des Universums», Rowohlt: Reinbek 2011, Seite 71.

[54] *emergere* (lateinisch): auftauchen, herauskommen, emporsteigen.
Siehe zur Emergenz zum Beispiel Greve, Jens; Schnabel, Annette (Hrsg.): «Emergenz. Zur Analyse und Erklärung komplexer Strukturen», Suhrkamp: Berlin 2011.

[55] Siehe in diesem Kontext zur «Autopoiese» (*auto,* altgriechisch «selbst»; *poiein,* altgriechisch «schaffen») auch Maturana, Humbert R.; Varela, Francisco J.: «Autopoiesis and Cognition: The Realization of the Living», Reidel: Boston 1980.

[56] Doch ein Computer kann nicht selbst entscheiden, wie er denkt und funktioniert. Er reagiert immer so, wie er programmiert wurde. Siehe zu den Möglichkeiten und Grenzen künstlicher Intelligenz zum Beispiel Penrose, Roger: «The Emperor's New Mind: Concerning Computers, Minds, and the Laws of Physics», Oxford University Press: Oxford 2002.

[57] Siehe zu einer Übersicht zum Beispiel Breidbach, Olaf: «Die Materialisierung des Ichs. Zur Geschichte der Hirnforschung im 19. und 20. Jahrhundert», Suhrkamp: Frankfurt 1997.

[58] *causa* (lateinisch): Ursache.

[59] *correlatio* (lateinisch): Wechselbeziehung.

[60] Siehe zum Beispiel Simon, Herbert A.: «Spurious Correlation: A Causal Interpretation», in: «Journal of the American Statistical Association», Jg. 49, Nr. 267, 1954, Seite 467–479.

[61] Das Libet-Experiment legt nahe, dass unsere Körperbewegungen folgendermaßen ablaufen: Zunächst findet die Gehirnaktivität statt, die die Körperbewegung auslöst. Erst dann wird uns bewusst, dass wir uns für die Körperbewegung entschieden haben. Aus diesem Ablauf könnte ge-

schlossen werden, dass wir keine bewussten Willensentscheidungen treffen. Denn unsere Entscheidungen würden uns erst nach der entsprechenden Gehirnaktivität bewusst. Dieser Interpretation liegt aber die Annahme zugrunde, dass Entscheidungen im Gehirn stattfinden – und nicht in der Seele. Eine Annahme, die weder beweisbar noch widerlegbar ist. Zudem hat das Experiment methodische Schwächen. So wird das Bewusstwerden von Entscheidungen nur indirekt und möglicherweise zeitverzögert gemessen. Außerdem werden im Experiment keine eigenen, sondern vorgegebene Entscheidungen gemessen. Für Details zum Experiment siehe Libet, Benjamin: «Unconscious Cerebral Initiative and the Role of Conscious Will in Voluntary Action», in: «Behavioral and Brain Sciences», Jg. 8, Nr. 4, 1985, Seite 529–539.

[62] Siehe in diesem Kontext zum «Leib-Seele-Problem» auch Beckermann, Ansgar: «Das Leib-Seele-Problem. Eine Einführung in die Philosophie des Geistes», UTB: Stuttgart 2008.

[63] Apropos Krankheiten. Oft sprechen wir von «psychischen» Krankheiten. Genau genommen ist der Begriff aber ungenau, zum Beispiel bei Depressionen. Diese können sowohl körperlich bedingt sein, wenn wir gewisse Hormone nicht ausschütten oder eine Darmkrankheit haben. Sie können aber auch seelisch bedingt sein, wenn wir zutiefst verletzt wurden oder ein Trauma erlitten haben. Von einer «psychischen» Krankheit zu sprechen, ist jedenfalls ungenau. Es sei denn, wir benutzen den Begriff für seelische Krankheiten. Fraglich ist auch, ob man von «geistigen» Behinderungen sprechen sollte. Vermutlich handelt es sich eher um körperliche Behinderungen – mit der Besonderheit, dass das beschädigte Körperteil nicht ein Bein oder das Rückenmark ist, sondern das Gehirn.

[64] Aus naturwissenschaftlicher Sicht wäre es wichtig, dass diese Informationssignale den «Energieerhaltungssatz» nicht verletzen. Siehe hierzu zum Beispiel Feynman, Richard P.; Leighton, Robert B.; Sands, Matthew: «Feynman-Vorlesungen über Physik. Band II. Elektromagnetismus und Struktur der Materie», Oldenbourg: München/Wien 2001, Seite 147–198.

[65] Haldane, John Burdon Sanderson: «Possible Worlds», Transaction Publishers: Piscataway 2001 (1927), Seite 209. Im Original ohne Kursivdruck.

[66] Lewis, Clive S.: «Wunder. Möglich – wahrscheinlich – undenkbar?», Fontis: Basel 1999, Seite 38.

[67] Siehe hierzu auch Nagel, Thomas: «Geist und Kosmos: Warum die materialistische neodarwinistische Konzeption der Natur so gut wie sicher falsch ist», Suhrkamp: Berlin 2013.

Kapitel 2: Woher kommen wir?
[1] Siehe zum Beispiel Gimelbrant, Alexander; Hutchinson, John N.; Thompson, Benjamin R.; Chess, Andrew: «Widespread Monoallelic Expression on Human Autosomes», in: «Science», Jg. 318, Nr. 5853, 2007, Seite 1136–1140.

Siehe außerdem Freund, Julia; Brandmaier, Andreas M.; Lewejohann, Lars; Kirste, Imke; Kritzler, Mareike; Krüger, Antonio; Sachser, Norbert; Lindenberger, Ulman; Kempermann, Gerd: «Emergence of Individuality in Genetically Identical Mice», in: «Science», Jg. 340, Nr. 6133, 2013, Seite 756–759.

[2] Siehe zur Hypothese des gemeinsamen Ursprungs zum Beispiel Theobald, Douglas L.: «A Formal Test of the Theory of Universal Common Ancestry», in: «Nature», Jg. 465, Nr. 5, 2010, Seite 219–222.

Siehe zur Theorie der gemeinsamen Entwicklungsgeschichte zum Beispiel Darwin, Charles R.: «On the Origin of Species by Means of Natural Selection, or the Preservation of Favoured Races in the Struggle for Life», Dover Publications: Mineola 2006 (1859).

Auf die Evolutionstheorie werde ich in Kapitel 3 eingehen.

[3] In Kapitel 3 werde ich auf diese Glaubensrichtungen eingehen.

[4] *télos* (altgriechisch): Ziel, Zweck, Sinn. *lógos* (altgriechisch): Wort, Rede, Sinn, Vernunft.

Siehe zum teleologischen Argument zum Beispiel Aquino, Thomas von: «Summe der Theologie, zusammengefasst, eingeleitet und erläutert von Joseph Bernhart, Band I: Gott und Schöpfung», Kröner: Stuttgart 1938, Seite 25.

Siehe außerdem Hiltscher, Reinhard: «Gottesbeweise», Wissenschaftliche Buchgesellschaft: Darmstadt 2008.

[5] *causa* (lateinisch): Ursache.

Siehe zum kausalen Argument zum Beispiel Aquino, Thomas von: «Summe der Theologie, zusammengefasst, eingeleitet und erläutert von Joseph Bernhart, Band I: Gott und Schöpfung», Kröner: Stuttgart 1938, Seite 24.

Siehe außerdem Hiltscher, Reinhard: «Gottesbeweise», Wissenschaftliche Buchgesellschaft: Darmstadt 2008.

⁶ Siehe zum Beispiel Kukkonen, Taneli: «Averroes and the Teleological Argument», in: «Religious Studies», Jg. 38, Nr. 4, 2002, Seite 405–428.

⁷ Naturkonstanten sind natürliche Größen, deren Wert konstant und nicht beeinflussbar ist. Beispiele sind die Lichtgeschwindigkeit und die Gravitationskonstante.

⁸ Siehe zum Beispiel Swinburn, Richard: «Argument from the Fine-Tuning of the Universe», in: Edwards, Paul (Hrsg.): «Physical Cosmology and Philosophy», Macmillan: New York 1990, Seite 154–173.

Siehe außerdem Metaxas, Eric: «Science Increasingly Makes the Case for God», in: «The Wall Street Journal», 25.12.2014, URL: http://www.wsj.com/articles/eric-metaxas-science-increasingly-makes-the-case-for-god-1419544568.

Siehe zu konträren Ansichten zum Beispiel Aguirre, Anthony: «The Cold Big-Bang Cosmology as a Counter-Example to Several Anthropic Arguments», in: «Physical Review», Jg. 64, Nr. 8, 2001, Seite 1–13.

⁹ Siehe zum Beispiel Aguirre, Anthony: «The Cold Big-Bang Cosmology as a Counter-Example to Several Anthropic Arguments», in: «Physical Review», Jg. 64, Nr. 8, 2001, Seite 1–13.

¹⁰ Siehe erneut Aquino, Thomas von: «Summe der Theologie, zusammengefasst, eingeleitet und erläutert von Joseph Bernhart, Band I: Gott und Schöpfung», Kröner: Stuttgart 1938, Seite 24.

Siehe außerdem Hiltscher, Reinhard: «Gottesbeweise», Wissenschaftliche Buchgesellschaft: Darmstadt 2008.

¹¹ Auf die Evolutionstheorie werde ich in Kapitel 3 eingehen.

¹² Siehe zum Beispiel Kragh, Helge: «Contemporary History of Cosmology and the Controversy over the Multiverse», in: «Annals of Science», Jg. 66, Nr. 4, 2009, Seite 529–551.

¹³ Siehe zum Beispiel Hawking, Stephen; Mlodinow, Leonard: «Der große Entwurf: Eine neue Erklärung des Universums», Rowohlt: Reinbek 2011.

¹⁴ Auf die Evolutionstheorie werde ich in Kapitel 3 eingehen.

¹⁵ Siehe zum Beispiel Wynne, Clive D.L.; Udell, Monique A.R.: «Animal Cognition: Evolution, Behavior and Cognition», Palgrave Macmillan: Basingstoke 2013.

¹⁶ Auf die Evolutionstheorie werde ich in Kapitel 3 eingehen.

¹⁷ Siehe zum Beispiel die folgenden sechs Studien:
(1) Tricomi, Elizabeth; Rangel, Antonio; Camerer, Colin F.; O'Doherty, John P.: «Neural Evidence for Inequality-Averse Social Preferences», in:

«Nature», Jg. 463, Nr. 2, 2010, Seite 1089–1091.

(2) Vaish, Amrisha; Carpenter, Malinda; Tomasello, Michael: «Young Children Selectively Avoid Helping People With Harmful Intentions», in: «Child Development», Jg. 81, Nr. 6, 2010, Seite 1661–1669.

(3) Schmidt, Marco F. H.; Sommerville, Jessica A.: «Fairness Expectations and Altruistic Sharing in 15-Month-Old Human Infants», in: «PLOS ONE», Jg. 6, Nr. 10, 2011, Seite 1–7.

(4) Kaiser, Ingrid; Jensen, Keith; Call, Josep; Tomasello, Michael: «Theft in an Ultimatum Game: Chimpanzees and Bonobos are Insensitive to Unfairness», in: «Biology Letters», Jg. 8, Nr. 6, 2012, Seite 942–945.

(5) Luby, Joan L.; Barch, Deanna M.; Belden, Andy; Gaffrey, Michael S.; Tillman, Rebecca; Babb, Casey; Nishino, Tomoyuki; Suzuki, Hideo; Botteron, Kelly N.: «Maternal Support in Early Childhood Predicts Larger Hippocampal Volumes at School Age», in: «Proceedings of the National Academy of Sciences of the United States of America», Jg. 109, Nr. 8, 2012, Seite 2854–2859.

(6) Riedl, Katrin; Jensen, Keith; Call, Josep; Tomasello, Michael: «Restorative Justice in Children», in: «Current Biology», Jg. 25, Nr. 13, 2015, Seite 1731–1735.

[18] Siehe zu anderen Einteilungen und Interpretationen zum Beispiel Hähnel, Martin: «Was ist Liebe? Philosophische Texte von der Antike bis zur Gegenwart», Reclam: Ditzingen 2015.

[19] *éros* (altgriechisch): körperliche Liebe.

[20] *philía* (altgriechisch): freundschaftliche Liebe, Zuneigung.

[21] *agápe* (altgriechisch): bedingungslose, göttliche Liebe.

[22] Auf den Aspekt der Selbstlosigkeit werde ich in Kapitel 3 eingehen.

[23] Die weiteren Ausführungen beziehen sich auf Philia und Agape.

[24] Siehe Luby, Joan L.; Barch, Deanna M.; Belden, Andy; Gaffrey, Michael S.; Tillman, Rebecca; Babb, Casey; Nishino, Tomoyuki; Suzuki, Hideo; Botteron, Kelly N.: «Maternal Support in Early Childhood Predicts Larger Hippocampal Volumes at School Age», in: «Proceedings of the National Academy of Sciences of the United States of America», Jg. 109, Nr. 8, 2012, Seite 2854–2859.

[25] Siehe Vaillant, George E.: «Aging Well: Surprising Guideposts to a Happier Life From the Landmark Harvard Study of Adult Development», Little Brown and Company: New York 2002.

[26] Siehe zum Beispiel Bowlby, John: «Child Care and the Growth of Love», Penguin: London 1953.

Siehe außerdem Eisenberger, Naomi I.; Lieberman, Matthew D.; Williams, Kipling D.: «Does Rejection Hurt? An fMRI Study of Social Exclusion», in: «Science», Jg. 302, Nr. 5643, 2003, Seite 290–292.

[27] Auf den Zusammenhang zwischen Gerechtigkeit und dem Gewissen werde ich gleich noch eingehen.
Siehe zu verschiedenen Definitionen von Gewissen zum Beispiel Dauner, Paul: «Das Gewissen», Dissertation an der Universität Stuttgart: Stuttgart 2008.

[28] Auf die Frage, ob es Wahrheit gibt und ob wir sie erkennen können, werde ich in Kapitel 5 eingehen.

[29] Siehe zum Verhältnis von Gewissen und Wahrheit auch Dauner, Paul: «Das Gewissen», Dissertation an der Universität Stuttgart: Stuttgart 2008, Seite 55–59.

[30] Siehe zum Beispiel Browning, Michael; Behrens, Timothy E.; Jocham, Gerhard; O'Reilly, Jill X.; Bishop, Sonia J.: «Anxious Individuals Have Difficulty Learning the Causal Statistics of Aversive Environments», in: «Nature Neuroscience», Jg. 18, Nr. 4, 2015, Seite 590–596.

[31] Siehe zum Beispiel Batson, C. Daniel; Ahmad, Nadia; Yin, Jodi; Bedell, Steven J.; Johnson, Jennifer W.; Templin, Christie M.: «Two Threats to the Common Good: Self-Interested Egoism and Empathy-Induced Altruism», in: «Personality and Social Psychology Bulletin», Jg. 25, Nr. 1, 1999, Seite 3–16.

[32] Siehe zu verschiedenen Bedeutungen von Gerechtigkeit zum Beispiel Horn, Christoph; Scarano, Nico: «Philosophie der Gerechtigkeit. Texte von der Antike bis zur Gegenwart», Suhrkamp: Berlin 2002.

[33] Siehe zum Beispiel die folgenden vier Studien:
(1) Vaish, Amrisha; Carpenter, Malinda; Tomasello, Michael: «Young Children Selectively Avoid Helping People With Harmful Intentions», in: «Child Development», Jg. 81, Nr. 6, 2010, Seite 1661–1669.
(2) Schmidt, Marco F. H.; Sommerville, Jessica A.: «Fairness Expectations and Altruistic Sharing in 15-Month-Old Human Infants», in: «PLOS ONE», Jg. 6, Nr. 10, 2011, Seite 1–7.
(3) Kaiser, Ingrid; Jensen, Keith; Call, Josep; Tomasello, Michael: «Theft in an Ultimatum Game: Chimpanzees and Bonobos are Insensitive to Unfairness», in: «Biology Letters», Jg. 8, Nr. 6, 2012, Seite 942–945.
(4) Riedl, Katrin; Jensen, Keith; Call, Josep; Tomasello, Michael: «Restorative Justice in Children», in: «Current Biology», Jg. 25, Nr. 13, 2015, Seite 1731–1735.

[34] Siehe Schmidt, Marco F.H.; Sommerville, Jessica A.: «Fairness Expectations and Altruistic Sharing in 15-Month-Old Human Infants», in: «PLOS ONE», Jg. 6, Nr. 10, 2011, Seite 1–7.

[35] Siehe zum Beispiel Tricomi, Elizabeth; Rangel, Antonio; Camerer, Colin F.; O'Doherty, John P.: «Neural Evidence for Inequality-Averse Social Preferences», in: «Nature», Jg. 463, Nr. 2, 2010, Seite 1089–1091.

[36] Siehe erneut Batson, C. Daniel; Ahmad, Nadia; Yin, Jodi; Bedell, Steven J.; Johnson, Jennifer W.; Templin, Christie M.: «Two Threats to the Common Good: Self-Interested Egoism and Empathy-Induced Altruism», in: «Personality and Social Psychology Bulletin», Jg. 25, Nr. 1, 1999, Seite 3–16.

[37] Auf die Frage, ob es Wahrheit gibt und ob wir sie erkennen können, werde ich in Kapitel 5 eingehen.

[38] Siehe zum Verhältnis von Gewissen und Wahrheit erneut Dauner, Paul: «Das Gewissen», Dissertation an der Universität Stuttgart: Stuttgart 2008, Seite 55–59.

[39] Wie erwähnt, konnten Wissenschaftler zeigen, dass wir bereits von Geburt an ein Gehirnareal haben, das beim Empfinden von Ungerechtigkeit aktiv ist. Siehe erneut Tricomi, Elizabeth; Rangel, Antonio; Camerer, Colin F.; O'Doherty, John P.: «Neural Evidence for Inequality-Averse Social Preferences», in: «Nature», Jg. 463, Nr. 2, 2010, Seite 1089–1091.

[40] Auf das Leid in der Welt werde ich in Kapitel 4 eingehen.

Kapitel 3: Alles Evolution?

[1] Siehe zum Beispiel Dobzhansky, Theodosius: «Nothing in Biology Makes Sense, Except in the Light of Evolution», in: «The American Biology Teacher», Jg. 35, Nr. 3, 1973, Seite 125–129.
Siehe außerdem Kutschera, Ulrich: «Tatsache Evolution. Was Darwin nicht wissen konnte», Deutscher Taschenbuch-Verlag: München 2009.

[2] Siehe zum Beispiel Behe, Michael J.: «Darwins Black Box», Resch: Gräfelfing 2007.
Siehe außerdem Gitt, Werner: «In 6 Tagen vom Chaos zum Menschen. Logos oder Chaos», Hänssler: Holzgerlingen 2002.

[3] Siehe Planck Collaboration et al: «Planck 2013 Results: Overview of Products and Scientific Results», in: «Astronomy & Astrophysics Manuscript», 22.03.2013, Seite 36.

[4] Siehe Rama Murthy, V.; Patterson, Clair C.: «Primary Isochron of Zero Age for Meteorites and the Earth», in: «Journal of Geophysical Research», Jg. 67, Nr. 3, 1962, Seite 1161.

⁵ Siehe Maher, Kevin A.; Stevenson, David J.: «Impact Frustration of the Origin of Life», in: «Nature», Jg. 331, Nr. 6157, 1988, Seite 612–614.

⁶ Siehe Voet, Donald; Voet, Judith G.: «Biochemistry 1», 3. Auflage, John Wiley & Sons: New York 2004.

⁷ Alternativ wird diskutiert, dass das Leben auf mehrere Urarten zurückgeht. Unter Wissenschaftlern gilt das jedoch als unwahrscheinlich. Siehe zum Beispiel Theobald, Douglas L.: «A Formal Test of the Theory of Universal Common Ancestry», in: «Nature», Jg. 465, Nr. 5, 2010, Seite 219–222.

⁸ Siehe ursprünglich Darwin, Charles R.: «On the Origin of Species by Means of Natural Selection, or the Preservation of Favoured Races in the Struggle for Life», Dover Publications: Mineola 2006 (1859).

Siehe zu den verschiedenen Erweiterungen Kutschera, Ulrich; Niklas, Karl J.: «The Modern Theory of Biological Evolution: An Expanded Synthesis», in: «Naturwissenschaften», Jg. 91, Nr. 6, 2004, Seite 255–276.

Siehe außerdem zusammenfassend Kutschera, Ulrich: «Evolutionsbiologie», 3. Auflage, Eugen Ulmer: Stuttgart 2008.

⁹ Im Fachjargon wird das als «Rekombination» bezeichnet.

¹⁰ Der Begriff «Gattung» bezeichnet eine Rangstufe in der biologischen Systematik, die eine oder mehrere Arten umfasst.

¹¹ Siehe zum Beispiel Griffiths, Anthony J.F.; Miller, Jeffrey H.; Suzuki, David T.; Lewontin, Richard C.; Gelbart, William M. (Hrsg.): «An Introduction to Genetic Analysis», 11. Auflage, W.H. Freeman: New York 2015.

¹² Siehe zur Befürwortung zum Beispiel Kutschera, Ulrich: «Tatsache Evolution. Was Darwin nicht wissen konnte», Deutscher Taschenbuch-Verlag: München 2009.

Siehe zu gegenteiligen Ansichten zum Beispiel Behe, Michael J.: «Darwins Black Box. Biochemische Einwände gegen die Evolutionstheorie», Resch: Gräfelfing 2007.

¹³ Siehe Ronshaugen, Mathew; McGinnis, Nadine; McGinnis, William: «Hox Protein Mutation and Macroevolution of the Insect Body Plan», in: «Nature», Jg. 415, Nr. 6874, 2002, Seite 914–917.

¹⁴ Siehe erneut die Ausführungen in Kapitel 2 des Buches, vor allem im Abschnitt «Die Frage nach dem Höchsten».

¹⁵ Siehe zu weiteren Indizien zum Beispiel Kutschera, Ulrich: «Evolutionsbiologie», 3. Auflage, Eugen Ulmer: Stuttgart 2008.

[16] Dies geschieht zum Beispiel durch «radiometrische Verfahren» oder durch «genetische Analysen».
[17] Im Fachjargon wird das als «Genshift» bezeichnet. Damit ist gemeint, dass sich durch zufällige externe Einflüsse die Genvariationen innerhalb einer Art oder ihrer Untergruppen verändern.
[18] Siehe zum Beispiel Archibald, J. David; Fastovsky, David E.: «Dinosaur Extinction», in: Weishampel, David B.; Dodson, Peter; Osmólska, Halszka (Hrsg.): «The Dinosauria», 2. Auflage, University of California Press: Berkeley 2004, Seite 672–684.
[19] Anders formuliert: Es geht beim «Survival of the Fittest» darum, sich möglichst gut an die Umweltbedingungen anzupassen. Genau das führt letztlich zu einer höheren Durchsetzungsstärke – gegenüber denjenigen Arten, denen es weniger gut gelingt, sich an die Umweltbedingungen anzupassen.
[20] Siehe erneut Kutschera, Ulrich: «Evolutionsbiologie», 3. Auflage, Eugen Ulmer: Stuttgart 2008.
[21] Siehe Trivers, Robert: «The Evolution of Reciprocal Altruism», in: «Quarterly Review of Biology», Jg. 46, Nr. 1, 1971, Seite 35–57.
[22] Siehe Haidt, Jonathan: «The New Synthesis in Moral Psychology», in: «Science», Jg. 316, Nr. 5827, 2007, Seite 998–1002.
[23] Siehe zum Beispiel Hamilton, William D.: «The Genetical Evolution of Social Behaviour», in: «Journal of Theoretical Biology», Jg. 7, Nr. 1, 1964, Seite 1–52.
Siehe außerdem Smith, John M.: «Group Selection and Kin Selection», in: «Nature», Jg. 201, Nr. 4924, 1963, Seite 1145–1147.
[24] Weitere Ansätze sind die «Gruppenselektion», der «Arterhaltungstrieb» oder die «Multilevel-Selektion», wobei die ersten zwei Ansätze widerlegt sind. Siehe hierzu Mayr, Ernst: «The Objects of Selection», in: «Proceedings of the National Academy of Sciences of the United States of America», Jg. 94, Nr. 6, 1997, Seite 2091–2094.
Auch die Multilevel-Selektion betrachtet Liebe und Gerechtigkeit als Mittel zum Zweck – genau wie jeder andere Ansatz, der auf dem Survival of the Fittest beruht. Siehe hierzu Wilson, David S.: «Multilevel Selection and Major Transitions», in: Pigliucci, Massimo; Müller, Gerd B. (Hrsg.): «Evolution – The Extended Synthesis», MIT Press: Cambridge 2010, Seite 81–93.
Auf den «Spiegelneuronen-Ansatz» werde ich gleich noch zu sprechen kommen.

[25] Siehe zum Beispiel Mayr, Ernst: «The Objects of Selection», in: «Proceedings of the National Academy of Sciences of the United States of America», Jg. 94, Nr. 6, 1997, Seite 2091–2094.

[26] Siehe zum Beispiel Hickok, Gregory: «Eight Problems for the Mirror Neuron Theory of Action Understanding in Monkeys and Humans», in: «Journal of Congnitive Neuroscience», Jg. 21, Nr. 7, 2009, Seite 1229–1243.

[27] Auf diese Frage werde ich in Kapitel 4 eingehen.

[28] *creatio* (lateinisch): Schöpfung.

[29] Siehe zum Beispiel Gitt, Werner: «In 6 Tagen vom Chaos zum Menschen: Logos oder Chaos», Hänssler: Holzgerlingen 2002.

[30] Es sei jedoch erwähnt, dass auch naturwissenschaftliche Erkenntnisse zu einem gewissen Grad auf Annahmen basieren, zum Beispiel was die zugrundeliegenden Messmethoden betrifft – etwa radiometrische Verfahren zur Bestimmung des Fossilienalters.

[31] Siehe zum Beispiel Ross, Hugh: «A Matter of Days: Resolving a Creation Controversy», NavPress: Colorado Springs 2004.

[32] Dieses Beispiel bezieht sich auf den jüdischen Glauben (Bereschit 1,1) und auf den christlichen Glauben (1. Mose 1,1).

[33] Dieses Beispiel bezieht sich erneut auf den jüdischen Glauben (Bereschit 1,2) und auf den christlichen Glauben (1. Mose 1,2).

[34] Siehe zum Beispiel Collins, Francis S.: «The Language of God», Free Press: New York 2006.

[35] Siehe zum Beispiel den – wenn auch größtenteils unsachlichen – Artikel von Lubbadeh, Jens: «Islamischer Kreationismus. Mit Allah gegen Darwin», in: «stern», 29.03.2007, URL: http://www.stern.de/panorama/wissen/natur/islamischer-kreationismus-mit-allah-gegen-darwin-3356700.html.

[36] Siehe zum Beispiel Reichle, Verena: «Die Grundgedanken des Buddhismus», 11. Auflage, Fischer: Frankfurt 2003.

[37] Darüber hinaus glauben Buddhisten an so genannte «Devas». Damit sind Himmelswesen oder Halbgötter gemeint, die ebenfalls dem Kreislauf aus Tod und Wiedergeburt unterliegen. Bezeichnet wird dieser Kreislauf als «Samsara».
Siehe zum Beispiel Schmidt-Leukel, Perry: «Reinkarnation und spiritueller Fortschritt im traditionellen Buddhismus», in: Schmidt-Leukel, Perry (Hrsg.): «Die Idee der Reinkarnation in Ost und West», Diederichs: München 1996, Seite 29–56.

38 Siehe zum Beispiel Schumann, Hans W.: «Seelensucher gegen Seelenleugner. Die Wiedergeburtslehren der indischen Religionen», in: Schmidt-Leukel, Perry (Hrsg.): «Die Idee der Reinkarnation in Ost und West», Diederichs: München 1996, Seite 14–28.

39 Siehe zum Beispiel Deutsche Buddhistische Union: «Buddhistisches Bekenntnis», München 2015, URL: http://www.buddhismus-deutschland.de/buddhistisches-bekenntnis.

40 Im Detail lautet der Edle Achtfache Pfad: rechte Erkenntnis, rechte Gesinnung, rechte Rede, rechtes Handeln, rechter Lebenswandel, rechtes Streben, rechte Achtsamkeit, rechte Sammlung. Siehe zum Beispiel Gunaratana, Bhante: «Eight Mindful Steps to Happiness. Walking the Path of the Buddha», Wisdom Publications: Somerville 2001.

41 Siehe zum Beispiel Bodhi, Bhikkhu: «The Noble Eightfold Path. The Way to the End of Suffering», Kandy 1999, URL: http://www.accesstoinsight.org/lib/authors/bodhi/waytoend.html.

42 Siehe zum Beispiel Gombrich, Richard: «Theravada Buddhism: A Social History from Ancient Benāres to Modern Colombo», Routledge: London, 2006.
Eine leicht davon abweichende Lehre vertritt der so genannte «Amitabha-Buddhismus», der auch als «Amidismus» bezeichnet wird. Siehe hierzu zum Beispiel Suzuki, Daisetz T.: «Amida. Der Buddha der Liebe», O.W. Barth: München 1985.

43 Siehe zum Beispiel Schumann, Hans W.: «Der historische Buddha. Leben und Lehre des Gotama», Diederichs: München 2004.

44 Siehe zum Beispiel Zander, Helmut: «Geschichte der Seelenwanderung in Europa. Alternative religiöse Traditionen von der Antike bis heute», Primus: Darmstadt 1999, Seite 25–34.

45 Siehe zum Beispiel White, Richard: «The Heart of Wisdom. A Philosophy of Spiritual Life», Rowman & Littlefield: Lanham 2012, Seite 125–131.

46 Siehe zum Beispiel Zaehner, R.C.: «Der Hinduismus. Seine Geschichte und seine Lehre», Goldmann: München, Seite 52–57.

47 Siehe zum Beispiel Zimmer, Heinrich: «Myths and Symbols in Indian Art and Civilization», Princeton University Press: Princeton 1972, Seite 124.

48 Siehe Wieland, Helmtrud: «Das Spektrum des Yoga. Seine weltanschaulichen Grundlagen und Entwicklungen», Hinder und Deelmann: Gladenbach 2006.

49 Siehe zum Beispiel Storl, Wolf-Dieter: «Shiva. Der wilde, gütige Gott», Koha: Burgrain 2002.

50 Siehe Voigt, Christopher: «Der englische Deismus in Deutschland», Mohr Siebeck: Tübingen 2003.
Siehe in diesem Kontext zum teleologischen und kausalen Argument erneut die Ausführungen in Kapitel 2 des Buches.

51 Siehe Betz, Hans D.; Browning, Don; Janowski, Bernd; Jüngel, Eberhard: «Abrahamitische Religionen», in: Betz, Hans D.; Browning, Don; Janowski, Bernd; Jüngel, Eberhard (Hrsg.): «Religion in Geschichte und Gegenwart», Band 1, Mohr Siebeck: Tübingen 1998, Seite 78.

52 Siehe zum Beispiel Sure 11,106–107 und Sure 23,103.
Siehe auch Smith, Jane I.; Yazbeck Haddad, Yvonne: «The Islamic Understanding of Death and Resurrection», State University of New York Press: Albany 1981, Seite 81.

53 Das Wort «Allah» gilt zum einen als Eigenname des islamischen Gottes, zum anderen als Gattungsbezeichnung für Gott – auch in anderen Glaubensrichtungen. So bezeichnen arabischsprachige Juden und Christen Gott ebenfalls als «Allah». Wobei der Eigenname Gottes in diesen Glaubensrichtungen «JHWH» ist. Siehe zum Beispiel Lang, Bernhard: «Jahwe, der biblische Gott. Ein Portrait», C.H. Beck: München 2002.

54 Siehe zum Beispiel Sure 4,116.

55 Siehe hierzu und im Folgenden zum Beispiel Halm, Heinz: «Der Islam. Geschichte und Gegenwart», Sonderausgabe der 7. Auflage, C.H. Beck: München 2008.

56 Siehe zum Beispiel Sure 3,31–32.

57 Siehe zum Beispiel Sure 21,47, die von einem gerechten Gericht spricht. Siehe aber auch Sure 5,40, die eher auf eine Willkür Gottes hinweist. Siehe ferner Sure 6,39, die besagt, dass Gott Menschen absichtlich in die Irre führt. Grundlage ist laut dem muslimischen Glauben die Allmacht und Größe Gottes. Siehe zum Beispiel Sure 8,10 und Sure 2,185.

58 Siehe zum Beispiel Kolatch, Alfred J.: «Jüdische Welt verstehen. Sechshundert Fragen und Antworten», 2. Auflage, Marix: Wiesbaden 2011.

59 Orthodoxie: Rechtgläubigkeit; *orthós* (altgriechisch): richtig, geradlinig; *dóxa* (altgriechisch): Meinung, Glaube.

60 *maschiach* (hebräisch): Gesalbter.

61 Siehe vor allem Jesaja 2,4; 11,6–12 und 27,12–13.

62 Siehe zum Beispiel Schemot 19,3–8 und Jesaja 11,11.

63 Siehe zum Beispiel Dallen, Michael E.: «The Rainbow Covenant. Torah and the Seven Universal Laws», Lightcatchor: Springdale 2003.

64 Siehe Daniel 12,2.

⁶⁵ Siehe zum Beispiel Bereschit 24,27 und Wajikra 19,22.
⁶⁶ Siehe zum Beispiel Schemot 34,6.
⁶⁷ Siehe zum Beispiel 1. Johannes 4,16 und Psalm 145,17.
⁶⁸ Siehe zum Beispiel Johannes 3,16.
⁶⁹ Siehe zum Beispiel 1. Timotheus 2,4.
⁷⁰ Siehe zum Beispiel Offenbarung 21,1–7.
⁷¹ Siehe zum Beispiel 2. Timotheus 3,2–4; Jeremia 6,13–15 und Römer 6,23.
⁷² Siehe zum Beispiel 1. Timotheus 2,4; Hesekiel 36,26; 2. Korinther 5,17 und Römer 6,23.
⁷³ Siehe zum Beispiel Psalm 89,33 und Apostelgeschichte 17,31.
⁷⁴ Siehe zum Beispiel Johannes 3,16; Römer 3,25–26 und 6,23.
⁷⁵ Diese lauten vereinfacht formuliert: keine Verehrung anderer Götter, keine Anfertigung von Gottesbildern, kein Missbrauch des Gottesnamens, Einhaltung des Ruhetags, Ehrung von Vater und Mutter, kein Mord, kein Ehebruch, kein Diebstahl, keine Falschaussage, kein Begehren des Partners oder Besitzes anderer Menschen. Siehe hierzu 2. Mose 20,2–17 und 5. Mose 5,6–21.
⁷⁶ Siehe zum Beispiel Römer 3,28; 6,23 und 10,3. Dass manche Kirchen ihren Mitgliedern trotzdem Angst vor der Hölle machen, steht auf einem anderen Blatt. Dazu später mehr.
⁷⁷ Siehe zum Beispiel Titus 2,11–12.
⁷⁸ Siehe zum Beispiel Römer 2,14–15.

Kapitel 4: Wozu das Ganze?
¹ *theós* (altgriechisch): Gott. *díkē* (altgriechisch): Gerechtigkeit.
² Siehe zum Beispiel Johnston, Sarah Iles: «Religions of the Ancient World: A Guide», Harvard University Press: Cambridge 2004, Seite 531–547.
³ Gute Nachricht Bibel © 2000, Deutsche Bibelgesellschaft, Stuttgart. Soweit nicht anders angegeben, entstammen alle weiteren Bibelzitate derselben Bibelübersetzung.
⁴ Hoffnung für alle © 1983, 1996, 2002, Biblica Inc., Colorado Springs. Hrsg. von Fontis – Brunnen Basel.
⁵ Siehe im scheinbaren Widerspruch dazu Jesaja 45,7. Das dort erwähnte Unheil betrifft aber die Beseitigung eines Unrechtsregimes. Das heißt: Laut dem christlichen Glauben kann es Situationen geben, in denen eine Strafe Gottes unumgänglich ist. Dazu später mehr.
⁶ Wobei es unter Christen auch abweichende Ansichten dazu gibt. Darauf werde ich später zu sprechen kommen.

[7] Auf Naturkatastrophen, die nicht von der Umweltzerstörung kommen, werde ich gleich noch eingehen. Dazu zählen etwa Erdbeben und Vulkanausbrüche.

[8] Siehe Leibniz, Gottfried W.: «Die Theodizee», Suhrkamp: Berlin 1996 (1710).

[9] Siehe zum Beispiel die folgenden drei Kritiken:

(1) Voltaire, François-Marie Arouet: «Candide oder der Optimismus», Deutscher Taschenbuch-Verlag: München 2005 (1759).

(2) Russell, Bertrand: «Warum ich kein Christ bin. Über Religion, Moral und Humanität», Rowohlt: Reinbek 1992, Seite 23.

(3) Streminger, Gerhard: «Gottes Güte und die Übel der Welt. Das Theodizeeproblem», Mohr Siebeck: Tübingen 1992, Seite 76.

[10] Siehe Marx, Karl: «Zur Kritik der Hegelschen Rechtsphilosophie. Einleitung», in: Marx, Karl; Engels, Friedrich (Hrsg.): «Werke, Band 1», Dietz: Berlin 1976 (1844), Seite 378–391.

[11] Siehe erneut die Ausführungen in Kapitel 2 und 3 des Buches.

[12] Siehe erneut die folgenden sechs Studien:

(1) Tricomi, Elizabeth; Rangel, Antonio; Camerer, Colin F.; O'Doherty, John P.: «Neural Evidence for Inequality-Averse Social Preferences», in: «Nature», Jg. 463, Nr. 2, 2010, Seite 1089–1091.

(2) Vaish, Amrisha; Carpenter, Malinda; Tomasello, Michael: «Young Children Selectively Avoid Helping People With Harmful Intentions», in: «Child Development», Jg. 81, Nr. 6, 2010, Seite 1661–1669.

(3) Schmidt, Marco F.H.; Sommerville, Jessica A.: «Fairness Expectations and Altruistic Sharing in 15-Month-Old Human Infants», in: «PLOS ONE», Jg. 6, Nr. 10, 2011, Seite 1–7.

(4) Kaiser, Ingrid; Jensen, Keith; Call, Josep; Tomasello, Michael: «Theft in an Ultimatum Game. Chimpanzees and Bonobos are Insensitive to Unfairness», in: «Biology Letters», Jg. 8, Nr. 6, 2012, Seite 942–945.

(5) Luby, Joan L.; Barch, Deanna M.; Belden, Andy; Gaffrey, Michael S.; Tillman, Rebecca; Babb, Casey; Nishino, Tomoyuki; Suzuki, Hideo; Botteron, Kelly N.: «Maternal Support in Early Childhood Predicts Larger Hippocampal Volumes at School Age», in: «Proceedings of the National Academy of Sciences of the United States of America», Jg. 109, Nr. 8, 2012, Seite 2854–2859.

(6) Riedl, Katrin; Jensen, Keith; Call, Josep; Tomasello, Michael: «Restorative Justice in Children», in: «Current Biology», Jg. 25, Nr. 13, 2015, Seite 1731–1735.

¹³ Siehe erneut die Ausführungen in Kapitel 2 des Buches, vor allem die dort zitierten wissenschaftlichen Studien.

¹⁴ Wobei der Teufel nicht als Wesen mit Hörnern und Dreizack betrachtet wird, sondern als geistiges, unsichtbares Wesen – als Personifizierung des Bösen. Siehe Epheser 2,2 und 2. Korinther 11,14.

¹⁵ Hoffnung für alle © 1983, 1996, 2002, Biblica Inc., Colorado Springs. Hrsg. von Fontis – Brunnen Basel. Siehe in diesem Kontext auch Hesekiel 28,12–17 und Jesaja 14,12–15. Wobei zum Teil strittig ist, ob sich die Aussagen auf den Teufel beziehen.

Kapitel 5: Was können wir wissen?

¹ Platon: «Apologie des Sokrates», 21d–22a, Reclam: Ditzingen 1986. Bei der Übersetzung liegt jedoch ein Fehler vor. Korrekt müsste es heißen: «Ich weiß, dass ich nicht weiß» (*oîda ouk eidōs*).

² Siehe erneut Platon: «Apologie des Sokrates», 21d–22a, Reclam: Ditzingen 1986.

Siehe außerdem van Ackeren, Marcel: «Das Wissen vom Guten: Bedeutung und Kontinuität des Tugendwissens in den Dialogen Platons», B.R. Grüner: Amsterdam 2003, Seite 54–58.

Siehe ferner Figal, Günter: «Sokrates», C.H. Beck: München 2006, Seite 71–72.

³ Siehe Johannes 18,38. Wobei umstritten ist, welche Intention und Haltung in der Aussage Pilatus' gespiegelt wird. Siehe zum Beispiel Schmitt, Carl: «Der Leviathan in der Staatslehre des Thomas Hobbes», Hohenheim: Köln 1982 (1938), Seite 67.

⁴ Siehe zum Beispiel Aquin, Thomas von: «Über die Wahrheit. Quaestiones Disputatae de Veritate», Marix Verlag: Wiesbaden 2013.

Siehe außerdem Heidegger, Martin: «Vom Wesen der Wahrheit. Gesamtausgabe, Band 9: Wegmarken», Klostermann: Frankfurt 1976, Seite 177–202.

Siehe ferner Habermas, Jürgen: «Wahrheitstheorien», in: Fahrenbach, Helmut (Hrsg.): «Wirklichkeit und Reflexion. Walter Schulz zum 60. Geburtstag», Neske: Pfullingen 1973, Seite 211–265.

⁵ Siehe in ähnlicher Weise für Axiome zum Beispiel Seiffert, Helmut: «Axiom», in: Seiffert, Helmut: «Einführung in die Wissenschaftstheorie. Band 4: Wörterbuch der wissenschaftstheoretischen Terminologie», Beck: München 1997.

⁶ Die Logik ist eine der Hauptsäulen der Philosophie, neben der Ethik, der

Metaphysik und der Erkenntnistheorie. Siehe zum Beispiel Anzenbacher, Arno: «Einführung in die Philosophie», Herder: Freiburg 2004.

[7] Siehe in diesem Kontext zur «Kohärenztheorie» von Wahrheit zum Beispiel Rescher, Nicholas: «The Coherence Theory of Truth», University Press of America: Lanham 1982.

[8] Siehe zum Realismus zum Beispiel Devitt, Michael: «Realism and Truth», Blackwell: Oxford 1984.

Siehe zudem Willaschek, Marcus (Hrsg.): «Realismus», Schöningh: Paderborn 2000.

Vom Realismus abweichende Ansichten vertreten vor allem der Subjektivismus, der Idealismus, der Relativismus, der Skeptizismus, der Konstruktivismus und der Nihilismus. Siehe zum Beispiel Cohen, Robert S.; Hilpinen, Risto; Renzong, Qiu (Hrsg.): «Realism and Anti-Realism in the Philosophy of Science», Kluwer: Dordrecht 1996.

[9] Siehe zu dieser und zu anderen Wahrheitstheorien erneut Habermas, Jürgen: «Wahrheitstheorien», in: Fahrenbach, Helmut (Hrsg.): «Wirklichkeit und Reflexion. Walter Schulz zum 60. Geburtstag», Neske: Pfullingen 1973, Seite 211–265.

[10] Siehe zur abweichenden Ansicht, dass Raum und Zeit rein sinnliche Anschauungen sind, Kant, Immanuel: «Kritik der reinen Vernunft», Anaconda: Köln 2009 (1787).

[11] Siehe in diesem Kontext zur «Konsenstheorie» von Wahrheit zum Beispiel Habermas, Jürgen: «Wahrheitstheorien», in: Fahrenbach, Helmut (Hrsg.): «Wirklichkeit und Reflexion. Walter Schulz zum 60. Geburtstag», Neske: Pfullingen 1973, Seite 211–265.

[12] Wobei wir uns auch hier – genau genommen – nie sicher sein könnten, dass unsere Wahrnehmung uns nicht täuscht. Dazu gleich mehr.

[13] Siehe in diesem Kontext zur «Konsenstheorie» von Wahrheit erneut Habermas, Jürgen: «Wahrheitstheorien», in: Fahrenbach, Helmut (Hrsg.): «Wirklichkeit und Reflexion. Walter Schulz zum 60. Geburtstag», Neske: Pfullingen 1973, Seite 211–265.

[14] Siehe abweichend, aber meines Erachtens unlogisch, da es zu einer Verwechslung von objektiver und imaginärer Welt kommt, Gabriel, Markus: «Warum es die Welt nicht gibt», Ullstein: Berlin 2015.

[15] Wobei die Quantenmechanik Hinweise liefert, dass diese Dinge durchaus von unserem Denken beeinflusst werden, und zwar im subatomaren Bereich. Auf die erkennbare Realität hat dies aber keinen Einfluss.

[16] Im Extremfall könnte sogar alles, was uns real erscheint, in Wirklichkeit

nur Illusion sein. Veranschaulicht wird das in den Filmen der Matrix-Trilogie.

[17] Wir sind zum Beispiel abhängig von unserem Körper, unserer Umwelt, unseren Genen, unserer Herkunft.

[18] Siehe erneut die Ausführungen in den Kapiteln 1 bis 3 des Buches.

[19] Siehe hierzu und im Folgenden erneut die Ausführungen in Kapitel 1 des Buches.

[20] Wie erwähnt, umfasst das nicht nur die Naturgesetze, die uns bekannt sind, sondern letztlich alle Naturgesetze – auch jene, die wir möglicherweise erst in Zukunft entdecken.

[21] Siehe zu einer ähnlichen und zugleich atheistischen Argumentation zum Beispiel Nagel, Thomas: «Geist und Kosmos. Warum die materialistische neodarwinistische Konzeption der Natur so gut wie sicher falsch ist», Suhrkamp: Berlin 2013.

[22] Siehe erneut die Ausführungen in Kapitel 2 und 3 des Buches.

[23] Siehe erneut die Ausführungen in Kapitel 2 des Buches.

[24] Siehe erneut die Ausführungen in Kapitel 2 des Buches, vor allem im Abschnitt «Überlegungen zum Menschen».

[25] Siehe erneut die Ausführungen in Kapitel 3 des Buches, vor allem im Abschnitt «Verschiedene Glaubensrichtungen».

[26] Siehe erneut die Ausführungen in Kapitel 3 des Buches, vor allem im Abschnitt «Die Evolution und der Glaube an Gott». Im christlichen Glauben gibt es hierzu unterschiedliche Ansichten.

[27] Siehe erneut die Ausführungen in Kapitel 4 des Buches, vor allem im Abschnitt «Auf der Suche nach Antworten».

[28] Siehe zur abweichenden Ansicht, dass die Suche nach Gott zu Spekulationen führt, Kant, Immanuel: «Kritik der reinen Vernunft», Anaconda: Köln, 2009 (1787).
Ich werde noch zeigen, dass der Glaube an Gott nicht spekulativer ist als das Festhalten an anderen Weltanschauungen.

Kapitel 6: Was sollen wir hier?

[1] Siehe erneut die Ausführungen in Kapitel 3 des Buches, vor allem im Abschnitt «Die Evolution und der Glaube an Gott».

[2] Siehe erneut die Ausführungen in Kapitel 2 des Buches, vor allem im Abschnitt «Überlegungen zum Menschen». Siehe außerdem die Ausführungen in Kapitel 3 des Buches, vor allem im Abschnitt «Verschiedene Glaubensrichtungen».

[3] Diese und die folgenden Bibelstellen sind im Original ohne Kursivdruck.
[4] Hoffnung für alle © 1983, 1996, 2002, Biblica Inc., Colorado Springs. Hrsg. von Fontis – Brunnen Basel.
[5] Hoffnung für alle © 1983, 1996, 2002, Biblica Inc., Colorado Springs. Hrsg. von Fontis – Brunnen Basel.
[6] Hoffnung für alle © 1983, 1996, 2002, Biblica Inc., Colorado Springs. Hrsg. von Fontis – Brunnen Basel.
[7] Siehe erneut die Ausführungen in Kapitel 3 des Buches, vor allem im Abschnitt «Verschiedene Glaubensrichtungen».
[8] Wobei umstritten ist, ob der göttliche Geist als Person oder als Kraft gelten kann. In Kapitel 9 werde ich darauf eingehen.
[9] Siehe zur göttlichen Dreieinigkeit (synonym: Dreifaltigkeit) zum Beispiel Pohle, Joseph: «The Divine Trinity. A Dogmatic Treatise», Herder: Freiburg/London 1912.
[10] Keller, Timothy: Unveröffentlichtes Manuskript, ähnlich im Buch «Warum Gott? Vernünftiger Glaube oder Irrlicht der Menschheit?», Brunnen: Gießen 2016.
[11] Ein möglicher vierter Bereich ist die liebende Wertschätzung und Annahme von sich selbst. Siehe zum Beispiel Matthäus 22,39.
[12] In manchen Bibelübersetzungen ist nicht von einer Fürsorge, sondern von einem Herrschen und Untertan-Machen die Rede. Im ursprünglichen hebräischen Wortlaut ist mit den Verben «kabasch» und «radah» aber kein rücksichtslos-tyrannisches Herrschen gemeint, sondern ein verantwortungsvoll-fürsorgliches Behüten und Pflegen – ähnlich, wie ein Hirte seine Schafe hütet. Umweltzerstörung und Tierquälerei sind mit dem christlichen Glauben also nicht vereinbar.
[13] Keller, Timothy: Unveröffentlichtes Manuskript, ähnlich im Buch «Warum Gott? Vernünftiger Glaube oder Irrlicht der Menschheit?», Brunnen: Gießen 2016.
[14] Wie erwähnt, wäre ein möglicher weiterer Bereich die liebende Wertschätzung und Annahme von sich selbst. Siehe erneut Matthäus 22,39.
[15] Siehe erneut Vaillant, George E.: «Aging Well. Surprising Guideposts to a Happier Life From the Landmark Harvard Study of Adult Development», Little Brown and Company: New York 2002.
[16] Siehe Eisenberger, Naomi I.; Lieberman, Matthew D.; Williams, Kipling D.: «Does Rejection Hurt? An fMRI Study of Social Exclusion», in: «Science», Jg. 302, Nr. 5643, 2003, Seite 290–292.
[17] Die Experimente sind wissenschaftlich aber nicht dokumentiert – und

können aus ethischen Gründen nicht wiederholt werden. Siehe zum Beispiel Stürner, Wolfgang: «Friedrich II. Band 2: Der Kaiser 1220–1250», Primus: Darmstadt, 2000, Seite 449.
Siehe zur Widerlegung der «Kaspar-Hauser-Theorie» auch Schreibmüller, Walther: «Bilanz einer 150jährigen Kaspar-Hauser-Forschung», in: «Genealogisches Jahrbuch», Band 31, 1991, Seite 43–84.

[18] Wie erwähnt, ist in manchen Bibelübersetzungen nicht von einer Fürsorge, sondern von einem Herrschen und Untertan-Machen die Rede. Im ursprünglichen hebräischen Wortlaut ist mit den Verben «kabasch» und «radah» aber kein rücksichtslos-tyrannisches Herrschen gemeint, sondern ein verantwortungsvoll-fürsorgliches Behüten und Pflegen – ähnlich, wie ein Hirte seine Schafe hütet. Umweltzerstörung und Tierquälerei sind mit dem christlichen Glauben also nicht vereinbar.

Kapitel 7: Wo liegt unser Problem?

[1] Mit «sterben» könnte hier beides gemeint sein: der körperliche Tod im Sinne von «Sterblichkeit erlangen» und «eines Tages sterben müssen» – sowie der geistliche Tod im Sinne von «das Paradies verlassen» und «von Gott getrennt sein».

[2] Viele Christen glauben, dass die Schlange den Teufel oder Satan verkörpert. Siehe hierzu Offenbarung 12,9.

[3] Siehe zum Beispiel Römer 15,27 und Philemon 14. Wobei es unter Christen auch abweichende Ansichten dazu gibt. Darauf werde ich später zu sprechen kommen.

[4] Siehe erneut Matthäus 22,37–39 sowie 1. Mose 1,28 und 2,15.

[5] Siehe zum Beispiel 1. Timotheus 6,17.

[6] Die Frage ist, warum ein vollkommener Gott eine unvollkommene Welt erschafft. Die Antwort von Christen ist: Die Welt war tatsächlich zunächst vollkommen, wurde aber unvollkommen, als die Menschen vom erwähnten Baum aßen. Erstens, weil die Menschen sich gegen das Paradies entschieden. Zweitens, weil die Menschen erst durch ein Leben in Vergänglichkeit erkennen, dass sie Gott brauchen, um dauerhaft erfüllt zu sein.

[7] Becker, Ernest: «The Denial of Death», Free Press: New York 1997, Seite 160–167 (deutsche Ausgabe: Becker, Ernest: «Die Überwindung der Todesfurcht. Dynamik des Todes», Goldmann: München, 1991).

[8] Mai, Jochen: «Maßstabsgetreu – Wie Jobverlust und Selbstwertgefühl

korrelieren», in: «Die Karrierebibel», 24.05.2009, www.karrierebibel.de/masstabsgetreu-wie-jobverlust-und-selbstwertgefuhl-korrelieren (Link nicht mehr aktiv).

[9] Voraussetzung ist, dass sie eigene Entscheidungen treffen. Siehe hierzu die Ausführungen in Kapitel 1 und Kapitel 10 des Buches.

[10] Siehe aus christlicher Sicht auch Römer 1,19–20:
«Denn was Menschen von Gott wissen können, ist ihnen bekannt. Gott selbst hat ihnen dieses Wissen zugänglich gemacht. Weil Gott die Welt geschaffen hat, können die Menschen sein unsichtbares Wesen, seine ewige Macht und göttliche Majestät mit ihrem Verstand an seinen Schöpfungswerken wahrnehmen. Sie haben also keine Entschuldigung.»

[11] Siehe erneut die Ausführungen in Kapitel 2 des Buches, vor allem die dort zitierten wissenschaftlichen Studien.

[12] Voraussetzung ist, dass wir eigene Entscheidungen treffen. Siehe hierzu die Ausführungen in Kapitel 1 und Kapitel 10 des Buches.

[13] Solzhenitsyn, Aleksandr I.: «The Gulag Archipelago», Harvill Press: London 2003, Seite 312 (deutsche Ausgabe: Solschenizyn, Alexander I.: «Der Archipel Gulag», Fischer Taschenbuch: Frankfurt 2013).

[14] Siehe zum Humanismus zum Beispiel Baab, Florian: «Was ist Humanismus? Geschichte des Begriffes, Gegenkonzepte, säkulare Humanismen heute», Pustet: Regensburg 2013.

[15] Kertész, Imre: «Gestorben, um leben zu dürfen», Rede zur Entgegennahme des Nobelpreises für Literatur: Stockholm 2002.

[16] Siehe erneut die Ausführungen in Kapitel 6 des Buches, vor allem die dort zitierten wissenschaftlichen Studien.

[17] Siehe zu einer ähnlichen Argumentation Lewis, Clive S.: «A Mind Awake. An Anthology of C.S. Lewis», Harcourt Brace and World: New York 1968, Seite 22.

[18] Siehe zum Beispiel Lukas 23,43.

[19] Siehe Sure 52,17–24, vor allem Vers 20. Siehe außerdem Sure 37,48; 38,52; 44,54; 55,56; 55,72; 55,74; 56,22; 56,35–36 und 78,33.

[20] Siehe vor allem Jesaja 2,4; 11,6; 11,12 und 27,12–13.

[21] Siehe Offenbarung 21,1–7.

[22] Siehe erneut Marx, Karl: «Zur Kritik der Hegelschen Rechtsphilosophie. Einleitung», in: Marx, Karl; Engels, Friedrich (Hrsg.): «Werke, Band 1», Dietz: Berlin 1976 (1844), Seite 378–391.

Kapitel 8: Sind wir noch zu retten?

[1] Weitere Akteure sind zum Beispiel Menschenrechtsorganisationen, zivilgesellschaftliche Initiativen sowie Eltern und Erzieher – zumindest im Idealfall.

[2] Siehe zu den damit einhergehenden relativen Straftheorien zum Beispiel Hörnle, Tatjana: «Straftheorien», Mohr Siebeck: Tübingen 2011, Seite 20–44.

[3] Siehe zu den damit einhergehenden absoluten Straftheorien zum Beispiel Hörnle, Tatjana: «Straftheorien», Mohr Siebeck: Tübingen 2011, Seite 15–20.
Siehe zudem die Leitentscheidung des deutschen Bundesverfassungsgerichts 45, 187, C, IV, 1, Randziffer 210, 1977: «Schuldausgleich, Prävention, Resozialisierung des Täters, Sühne und Vergeltung für begangenes Unrecht werden als Aspekte einer angemessenen Strafsanktion bezeichnet.»
Siehe zur konkreten Strafzumessung in Deutschland § 46 des Strafgesetzbuchs, wobei die Bedeutung von Schuld in Absatz 1 betont wird.
Siehe zum Verhältnis zwischen Schwere der Tat und Höhe der Strafe auch die im Gesetz festgelegten Mindest- und Höchststrafen für die jeweiligen Vergehen.

[4] Dieses Prinzip ist auch als «Auge um Auge, Zahn um Zahn» bekannt. Siehe zum Beispiel 2. Mose 21,24.

[5] Hierdurch ließe sich die in der Bibel vorkommende Gewalt erklären, die aber keine Legitimation oder Verherrlichung menschlicher Gewalt darstellt. Auch das Gerechtigkeitsprinzip «Auge um Auge, Zahn um Zahn» (zum Beispiel 2. Mose 21,24) gilt laut dem christlichen Glauben nur für bestimmte juristische Bereiche, um zu verhindern, dass eine festzusetzende Strafe unangemessen gering oder hoch ausfällt.

[6] Volf, Miroslav: «Exclusion & Embrace. A Theological Exploration of Identity, Otherness, and Reconciliation», Abingdon Press: Nashville 1996, Seite 294–297 (deutsche Ausgabe: Volf, Miroslav: «Von der Ausgrenzung zur Umarmung. Versöhnendes Handeln als Ausdruck christlicher Identität», Francke: Marburg 2012).

[7] Das gilt zumindest für eine Gerechtigkeitsstrafe, nicht für eine Erziehungsstrafe. Wobei eine Erziehungsstrafe nicht zwangsläufig gerecht wäre.

[8] Siehe erneut die Ausführungen in Kapitel 6 des Buches, vor allem im Abschnitt «Das christliche Gottesbild». Wobei umstritten ist, ob der gött-

liche Geist als Person oder als Kraft gelten kann. In Kapitel 9 werde ich darauf eingehen.

[9] Siehe hierzu die Ausführungen in Kapitel 9 des Buches, vor allem die dort zitierten historischen Quellen.

[10] *christós* (altgriechisch): der Gesalbte.

[11] *maschiach* oder *moschiach* (hebräisch): der Gesalbte.

[12] Yancey, Philip: «The Jesus I Never Knew», Zondervan: Grand Rapids 2002, Seite 44–45 (deutsche Ausgabe: Yancey, Philip: «Der unbekannte Jesus. Entdeckungen eines Christen», R. Brockhaus: Wuppertal 2007).

[13] Siehe vor allem Jesaja 2,4; 11,6; 11,12 und 27,12–13.

[14] Siehe vor allem Jesaja 2,4; 11,6; 11,12 und 27,12–13.
Siehe auch Kaplan, Aryeh: «The Real Messiah? A Jewish Response to Missionaries», National Conference of Synagogue Youth: New York 1985.

[15] Als dieses Gesetz gelten vor allem die «Zehn Gebote». Sie lauten vereinfacht formuliert: keine Verehrung anderer Götter, keine Anfertigung von Gottesbildern, kein Missbrauch des Gottesnamens, Einhaltung des Ruhetags, Ehrung von Vater und Mutter, kein Mord, kein Ehebruch, kein Diebstahl, keine Falschaussage, kein Begehren des Partners oder Besitzes anderer Menschen. Siehe hierzu 2. Mose 20,2–17 und 5. Mose 5,6–21.

[16] Wie erwähnt, lauten die «Zehn Gebote» vereinfacht formuliert: keine Verehrung anderer Götter, keine Anfertigung von Gottesbildern, kein Missbrauch des Gottesnamens, Einhaltung des Ruhetags, Ehrung von Vater und Mutter, kein Mord, kein Ehebruch, kein Diebstahl, keine Falschaussage, kein Begehren des Partners oder Besitzes anderer Menschen. Siehe hierzu 2. Mose 20,2–17 und 5. Mose 5,6–21.

[17] *apóstolos* (altgriechisch): Gesandter.

[18] *euangélion* (altgriechisch): gute Nachricht, frohe Botschaft.

Kapitel 9: Was dürfen wir hoffen?

[1] Wie erwähnt, lauten die «Zehn Gebote» vereinfacht formuliert: keine Verehrung anderer Götter, keine Anfertigung von Gottesbildern, kein Missbrauch des Gottesnamens, Einhaltung des Ruhetags, Ehrung von Vater und Mutter, kein Mord, kein Ehebruch, kein Diebstahl, keine Falschaussage, kein Begehren des Partners oder Besitzes anderer Menschen. Siehe hierzu 2. Mose 20,2–17 und 5. Mose 5,6–21.

² Das würde auch die in der so genannten «Bergpredigt» erfolgte Zuspitzung der Zehn Gebote umfassen. Siehe zur Bergpredigt Matthäus 5–7.

³ Siehe zum Beispiel Jadin, Jigael: «Bar Kochba. Archäologen auf den Spuren des letzten Fürsten von Israel», Hoffmann und Campe: Hamburg 1971.
Mohammed und Buddha hatten keinen Messias-Anspruch, sondern verstanden sich als Prophet bzw. Lehrer.

⁴ Mohammed und Buddha hatten keinen Messias-Anspruch, sondern verstanden sich als Prophet bzw. Lehrer.

⁵ Der Auftrag zu Friedlichkeit wurde bei den angeblich christlichen Kreuzzügen im Mittelalter ignoriert – mit fatalen Folgen. Siehe zum Beispiel Asbridge, Thomas: «Die Kreuzzüge», 6. Auflage, Klett-Cotta: Stuttgart 2015.

⁶ Dazu zählen die Verkündigung der «guten Nachricht» sowie der Einsatz für Wahrheit, Liebe und Gerechtigkeit in der Welt. Siehe zum Beispiel Markus 16,15, Römer 12,21 sowie Titus 2,12.

⁷ Aus christlicher Sicht stellt sich daher die Frage: Ist der Heilige Geist eine göttliche *Person* im Sinne eines Gegenübers? Oder ist er eine göttlich-geistige *Kraft*, von der Christen erfüllt sind? Die Ansichten dazu gehen auseinander. Sicher scheint aber, dass der Heilige Geist nicht angebetet wird, sondern zur Anbetung befähigen soll. Siehe zum Beispiel Judas 20.

⁸ Verbreitet hat sich diese Zeitrechnung aber erst im 8. Jahrhundert n. Chr. Siehe hierzu auch Lietzmann, Hans: «Zeitrechnung der römischen Kaiserzeit, des Mittelalters und der Neuzeit für die Jahre 1–2000 nach Christus», de Gruyter: Berlin 1946.

⁹ Siehe zum Beispiel Williamson, Geoffrey A.: «The World of Josephus», Secker & Warburg: London 1964.

¹⁰ Bei dem Zitat handelt es sich um die vermutlich durch Agapios von Hierapolis überlieferte und unverfälschte Version des Textes. Siehe zu dieser These Pines, Shlomo: «An Arabic Version of the Testimonium Flavianum and Its Implications», Israel Academy of Arts and Humanities: Jerusalem 1971.
Siehe zum vermeintlichen Original Josephus, Flavius: «Jüdische Altertümer» («Antiquitates Judaicae»), Marix Verlag: Wiesbaden 2011 (93/94), Buch 18, Kapitel 3,3, Seite 878.

¹¹ Siehe zum Beispiel Pagán, Victoria E. (Hrsg.): «A Companion to Tacitus», Wiley-Blackwell: Malden 2012.

[12] Tacitus, P. Cornelius: «Annalen. Sammlung Tusculum» («Annales»), Patmos: Mannheim 2002 (110/120), Buch 15,44, Seite 749.
[13] Siehe Tranquillus, G. Suetonius: «Die Kaiserviten. Berühmte Männer» («De vita Caesarum. De viris illustribus»), de Gruyter: Berlin 2014, Kapitel 25,4, Seite 591.
[14] Siehe Caecilius Secundus, G. Plinius: «Epistulae», Reclam: Ditzingen 2010, Kapitel 10,96, Seite 825.
[15] Es sei jedoch erwähnt, dass Jesus bei manchen antiken Geschichtsschreibern unerwähnt bleibt, etwa bei Philo von Alexandria oder bei Justus von Tiberias. Siehe zu möglichen Erklärungen dafür Theißen, Gerd; Merz, Annette: «Die Quellen und ihre Auswertung», in: Theißen, Gerd; Merz, Annette (Hrsg.): «Der historische Jesus. Ein Lehrbuch», Vandenhoeck & Ruprecht: Göttingen 2011, Seite 98–99.
[16] Siehe vor allem Sure 2,87; 3,45–47; 3,55; 3,59; 4,157–159; 5,46; 5,110; 5,117; 19,17–21; 19,30–34; 4,171–172; 43,63 und 57,27.
[17] Siehe Markschies, Christoph J.: «Das antike Christentum. Frömmigkeit, Lebensformen, Institutionen», C.H. Beck: München 2012.
Siehe außerdem Conzelmann, Hans: «Geschichte des Urchristentums», Vandenhoeck & Ruprecht: Göttingen 1989.
[18] Siehe zum Beispiel Schroeter, Jens; Brucker, Ralph (Hrsg.): «Der historische Jesus. Tendenzen und Perspektiven der gegenwärtigen Forschung», de Gruyter: Berlin 2002.
[19] Siehe zu einem Überblick erneut Conzelmann, Hans: «Geschichte des Urchristentums», Vandenhoeck & Ruprecht: Göttingen 1989.
[20] Bei dem Zitat handelt es sich um die vermutlich durch Agapios von Hierapolis überlieferte und unverfälschte Version des Textes. Siehe zu dieser These Pines, Shlomo: «An Arabic Version of the Testimonium Flavianum and Its Implications», Israel Academy of Arts and Humanities: Jerusalem 1971.
Siehe zum vermeintlichen Original Josephus, Flavius: «Jüdische Altertümer» («Antiquitates Judaicae»), Marix Verlag: Wiesbaden 2011 (93/94), Buch 18, Kapitel 3,3, Seite 878.
[21] Siehe Girardet, Klaus M.: «Die Konstantinische Wende. Voraussetzungen und geistige Grundlagen der Religionspolitik Konstantins des Großen», Wissenschaftliche Buchgesellschaft: Darmstadt 2006.
[22] Siehe zu einem Überblick erneut Conzelmann, Hans: «Geschichte des Urchristentums», Vandenhoeck & Ruprecht: Göttingen 1989.
[23] Siehe zu einem Überblick erneut Conzelmann, Hans: «Geschichte des

Urchristentums», Vandenhoeck & Ruprecht: Göttingen 1989.

Aus christlicher Sicht war Jakobus nicht der Bruder, sondern der Halbbruder von Jesus. So glauben Christen, dass der Vater von Jesus nicht Josef, sondern Gott ist. Siehe zum Beispiel Matthäus 1,18–25.

[24] Josephus, Flavius: «Jüdische Altertümer» («Antiquitates Judaicae»), Marix Verlag: Wiesbaden 2011 (93/94), Buch 20, Kapitel 9,1, Seite 992.

[25] Tacitus, P. Cornelius: «Annalen. Sammlung Tusculum» («Annales»), Patmos: Mannheim 2002 (110/120), Buch 15,44, Seite 749–750.

[26] Im Original ohne Kursivdruck.

Bei dem Zitat handelt es sich um die vermutlich durch Agapios von Hierapolis überlieferte und unverfälschte Version des Textes. Siehe zu dieser These Pines, Shlomo: «An Arabic Version of the Testimonium Flavianum and Its Implications», Israel Academy of Arts and Humanities: Jerusalem 1971.

Siehe zum vermeintlichen Original Josephus, Flavius: «Jüdische Altertümer» («Antiquitates Judaicae»), Marix Verlag: Wiesbaden 2011 (93/94), Buch 18, Kapitel 3,3, Seite 878.

[27] Siehe Kuhn, Heinz-Wolfgang: «Die Kreuzesstrafe während der frühen Kaiserzeit. Ihre Wirklichkeit und Wertung in der Umwelt des Urchristentums», in: Temporini, Hildegard; Haase, Wolfgang (Hrsg.): «Aufstieg und Niedergang der römischen Welt. Band II», de Gruyter: Berlin 1982, Seite 648–793.

[28] Wobei dann die Frage wäre, was mit Menschen geschieht, die den christlichen Glauben nie kennen lernen. Dazu komme ich gleich.

Kapitel 10: Wohin gehen wir?

[1] Berry, Wendell: «Christianity and the Survival of Creation», in: Berry, Wendell (Hrsg.): «Sex, Economy, Freedom & Community», Pantheon: New York 1993, Seite 109.

[2] Hoffnung für alle © 1983, 1996, 2002, Biblica Inc., Colorado Springs. Hrsg. von Fontis – Brunnen Basel.

[3] Siehe außerdem Offenbarung 3,20:

«[Jesus sagt:] ‹Gebt Acht, ich stehe vor der Tür und klopfe an! Wenn jemand meine Stimme hört und die Tür öffnet, werde ich bei ihm einkehren.›»

[4] Siehe auch Offenbarung 21,8:

«Das ist der zweite, der endgültige Tod.»

⁵ Dennoch vertreten manche Theologen die Lehre einer «doppelten Prädestination». Danach habe Gott bereits vor Grundlegung der Welt vorherbestimmt, welche Menschen ins Paradies gelangen und welche nicht. Siehe vor allem Calvin, Johannes: «Institutio christianae religionis», Buch 3, Kapitel 21,5. Mit einem Gott, der gerecht und liebevoll ist, kann diese Lehre aber nicht vereinbar sein. Es gibt zwar Bibelstellen, die von einer gewissen «Vorherbestimmung» sprechen (etwa Römer 8,29–30). Dieser Vorherbestimmung soll jedoch eine «Ausersehung» oder «Erkennung» vorausgehen (Römer 8,29); und dieser Ausersehung oder Erkennung eine Entscheidung für die Wahrheit (2. Thessalonicher 2,10). Der Umstand, dass ein allwissender Gott im Voraus *wissen* kann, wie wir uns entscheiden, bedeutet nicht, dass er diese Entscheidung vorher*bestimmt* haben muss. Die eigentliche Fähigkeit zu glauben bleibt aber trotzdem eine Gabe des Heiligen Geistes (siehe zum Beispiel Apostelgeschichte 1,8). Siehe zu einer abweichenden, aber meiner Ansicht nach unlogischen Sicht auch Luther, Martin: «Vom unfreien Willen», in: Aland, Kurt (Hrsg.): «Luther Deutsch. Die Werke des Reformators in neuer Auswahl für die Gegenwart. Band 3», Klotz: Stuttgart/Göttingen 1961, Seite 151–334.

⁶ Das würde bedeuten, dass auch jeder Mensch die Möglichkeit bräuchte, das Evangelium kennen zu lernen. Offen wäre, was mit Menschen geschieht, die auf Erden keine Möglichkeit dazu haben; etwa verstorbene Säuglinge, geistig behinderte Menschen oder Angehörige von Naturvölkern. Wenn es einen Gott gäbe, der gerecht ist, würde er wohl irgendeine Lösung finden. Er könnte zu Menschen im Traum sprechen (Matthäus 2,12) oder durch den Heiligen Geist (Hesekiel 3,24). Es wäre auch möglich, dass das Evangelium den schon Verstorbenen verkündet wird (möglicherweise 1. Petrus 4,6); aber nicht als «zweite Chance» für Menschen, die es schon kannten (2. Korinther 6,2), sondern als «erste Chance» für Menschen, die es nie kennen gelernt haben. Siehe außerdem Römer 1,19–20.

⁷ Siehe erneut die Ausführungen in Kapitel 3 des Buches, vor allem im Abschnitt «Verschiedene Glaubensrichtungen».

⁸ Siehe für den Islam zum Beispiel Sure 11,106–107 und 23,103. Siehe auch Smith, Jane I.; Yazbeck Haddad, Yvonne: «The Islamic Understanding of Death and Resurrection», State University of New York Press: Albany 1981, Seite 81.
Siehe für das Judentum zum Beispiel Daniel 12,2. Siehe auch 1. Henoch

21. Wobei umstritten ist, ob Juden an eine Hölle glauben. Siehe zum Beispiel Minois, Georges: «Die Hölle», dtv: München 1996, Seite 98.

[9] Siehe für den Hinduismus zum Beispiel Zander, Helmut: «Geschichte der Seelenwanderung in Europa. Alternative religiöse Traditionen von der Antike bis heute», Primus: Darmstadt 1999, Seite 25–34.
Siehe für den Buddhismus zum Beispiel Schmidt-Leukel, Perry: «Reinkarnation und spiritueller Fortschritt im traditionellen Buddhismus», in: Schmidt-Leukel, Perry (Hrsg.): «Die Idee der Reinkarnation in Ost und West», Diederichs: München 1996, Seite 29–56.

[10] Dass in christlichen Gemeinden oft trotzdem Zwänge herrschen, steht auf einem anderen Blatt. Offensichtlich gibt es doch große Unterschiede zwischen dem, was ein Glaube sagt, und dem, was die Menschen daraus machen. Andererseits gibt es auch zahlreiche Positivbeispiele. Dazu gleich mehr.

[11] Siehe auch Philipper 3,21 und 1. Korinther 15,35–38.

[12] Nach Ansicht vieler Christen bezieht sich die Bibelstelle nicht auf das Leben in der neuen Welt, sondern auf ein «Tausendjähriges irdisches Friedensreich», das der Neuerschaffung unserer Welt vorausgehen soll. Siehe Offenbarung 20,1–6. Siehe zu alternativen Ansichten auch Karrer, Martin: «Chiliasmus», in: «Evangelisches Kirchenlexikon», Vandenhoeck & Ruprecht: Göttingen 1986, Band 1, Spalte 657.

[13] Lutherbibel © 1984, 1999, Deutsche Bibelgesellschaft, Stuttgart.
Nach Ansicht vieler Christen bezieht sich die Bibelstelle nicht auf das Leben in der neuen Welt, sondern auf ein «Tausendjähriges irdisches Friedensreich», das der Neuerschaffung unserer Welt vorausgehen soll. Siehe Offenbarung 20,1–6. Siehe zu alternativen Ansichten auch Karrer, Martin: «Chiliasmus», in: «Evangelisches Kirchenlexikon», Vandenhoeck & Ruprecht: Göttingen: 1986, Band 1, Spalte 657.

[14] Siehe erneut 2. Petrus 3,9.

[15] Siehe auch Matthäus 24,22.

[16] Siehe zu unterschiedlichen Ansichten bezüglich der Datierung der «Offenbarung des Johannes» zum Beispiel Gentry, Kenneth L.: «Before Jerusalem Fell: Dating the Book of Revelation», Victorious Hope Publishing: Fountain Inn 2010.
Das hohe Alter auch anderer prophetischer Bücher der Bibel wurde durch Radiokarbonuntersuchungen bestätigt. Siehe zum Beispiel Carmi,

Israel: «Radiocarbon Dating of the Dead Sea Scrolls», in: Schiffman, Lawrence H.; Tov, Emanuel; VanderKam, James C. (Hrsg.): «The Dead Sea Scrolls. Fifty Years After Their Discovery, 1947–1997», Israel Exploration Society and The Shrine of the Book: Jerusalem 2000, Seite 881–888.

[17] Siehe zur Trübsalszeit vor allem Offenbarung 6, 9 und 15. Die Angabe von sieben Jahren basiert auf Daniel 9,24–27. Demnach soll die Trübsal in der siebzigsten von insgesamt siebzig Jahrwochen stattfinden. Eine Jahrwoche entspricht dabei sieben Jahren; siehe zum Beispiel 3. Mose 25,8. Siehe zu unterschiedlichen Verständnissen der Trübsalszeit auch Chilton, David: «Die Große Trübsal», Reformatorischer Verlag Beese: Hamburg 1996.

[18] Laut Matthäus 24,2–3 kündigt sich das Weltende dadurch an, dass der Jerusalemer Tempel zerstört wird. Im Jahr 70 n. Chr. wurden tatsächlich weite Teile des Tempels zerstört. Die Westmauer des Tempelplateaus, die so genannte «Klagemauer», existiert jedoch bis heute. Ich bedanke mich bei Klaus Fejsa für diesen Hinweis.

[19] Wie erwähnt, wurden im Jahr 70 n. Chr. tatsächlich weite Teile des Jerusalemer Tempels zerstört. Die Westmauer des Tempelplateaus, die so genannte «Klagemauer», existiert jedoch bis heute. Ich bedanke mich bei Klaus Fejsa für diesen Hinweis.

[20] Wie erwähnt, glauben viele Christen, dass es anschließend zu einem «Tausendjährigen irdischen Friedensreich» kommt, das der Neuerschaffung unserer Welt vorausgehen soll. Siehe erneut Offenbarung 20,1–6. Siehe zu alternativen Ansichten auch Karrer, Martin: «Chiliasmus», in: «Evangelisches Kirchenlexikon», Vandenhoeck & Ruprecht: Göttingen: 1986, Band 1, Spalte 657.

[21] King jr., Martin L.: «I Have a Dream», Washington, Rede vom 28.08.1963. Im Original ohne Kursivdruck.

[22] Wright, Nicholas T.: «The Challenge of Jesus. Rediscovering Who Jesus Was and Is», InterVarsity Press: Westmont 2000, Seite 143 (deutsche Ausgabe: Wright, Nicholas T.: «Herausforderung Jesus. Wer er war und wer er ist», Causa Mundi: Böblingen 2012).